# Le Pape Léon XIII : sa vie, son élection, son couronnement

suivi de L'Église et la civilisation : pastorales adressées en 1877 et en 1878 par le cardinal Pecci (futur pape Léon XIII) à ses diocésains de Pérouse

## Antoine Ricard

## Léon XIII

Alicia Éditions

# Table des matières

## LÉON XIII
HISTOIRE ANECDOTIQUE     3
APRÈS L'ÉLECTION     16

## L'ÉGLISE ET LA CIVILISATION
PREMIÈRE PASTORALE     29
SECONDE PASTORALE     56

# LÉON XIII

# HISTOIRE ANECDOTIQUE

*En attendant que les historiens puissent nous donner, du grand Pape que l'action évidente du Saint-Esprit sur l'Église vient d'appeler à recueillir la succession de Pie IX, une biographie vraiment digne de ce titre, nous sommes sûrs de répondre à l'impatience des lecteurs, en leur présentant, sous la forme de simples récits, les principaux éléments de cette étude biographique.*

*Nous les empruntons, indépendamment de souvenirs personnels, à toutes les sources qui nous ont paru les plus autorisées, parmi les notices plus ou moins fantaisistes qu'une presse — légère — n'a pas craint de nous donner comme de vraies et authentiques informations.*

## NAISSANCE ET ÉDUCATION.

Léon XIII est né à Carpinetto, petite ville de cinq mille âmes, du diocèse d'Anagni (États pontificaux), le 2 mars 1810. Il appartient à une famille patricienne ; une branche de cette famille existe encore à Sienne. Il compte parmi ses ancêtres un fondateur d'ordre, qui vivait au quatorzième siècle et qui a été canonisé. Cette seconde noblesse est assurément la meilleure. Le nouveau Pape a eu trois frères ; l'un d'eux est prêtre. Son père, grand seigneur, porte, dans les portraits de famille, le costume de colonel. Sa mère appartenait à la plus haute noblesse de l'Italie.

Il reçut au baptême le nom de Joachim. Le jeune Pecci ne tarda pas à donner des signes d'une intelligence précoce, d'un caractère ferme et d'une grande vivacité d'esprit. Sa riche imagination lui donnait du goût pour la poésie, et l'on cite de lui quelques charmantes pièces de vers.

Il ne tarda pas à se sentir appelé à une vocation plus haute et à des études plus sérieuses : il entra de bonne heure dans la carrière cléricale. Le Collège romain, cette célèbre université grégorienne si renommée dans la chrétienté, le compta parmi ses meilleurs élèves. C'est là que le nouveau Pape acquit les connaissances les plus étendues et les plus variées sur les matières théologiques ; il leur donna un dernier complément à l'Académie des nobles ecclésiastiques. On sait que cette Académie est une pépinière d'habiles diplomates, d'évêques, de cardinaux et de papes. N'oublions pas de dire que la science en lui n'était pas seule ; il puisa dans ces grandes écoles cette piété solide, ces mœurs graves et austères, cette perfection sacerdotale, qui ne se démentirent jamais.

## CARPINETTO.

Le correspondant d'une feuille un peu légère a écrit ses impressions de voyage au lieu de naissance du Pape. Il y a là une page charmante, que nous nous reprocherions d'omettre, malgré le ton un peu trop humoristique de la narration :

Je suis arrivé à minuit à Velletri, et en réveillant toute la ville je suis parvenu à trouver une voiture, qui me déposait à six heures du matin à Montelanico. Le mauvais état de la route m'obligea à faire à pied, à travers la montagne, les cinq milles qui me restaient pour arriver à destination.

Carpinetto est une bourgade d'environ cinq mille habitants, perchée sur une espèce de promontoire flanqué de ravins escarpés au pied du mont Capreo, dont le sommet est encore couvert de neige, et qui s'étend dans la vallée de la Nunciata, au bord du torrent Fosso ; le paysage, quoique un peu sauvage, est magnifique. Les maisons de Carpinetto sont petites et construites en pierre, accotées au roc. La pauvreté et la saleté qui règnent là sont vraiment incroyables ; mais la municipalité, qui a revêtu des habits de fête en l'honneur du nouveau Pontife, est vêtue à la hussarde.

La maison Pecci, située rue Cavour, — car il y a une rue Cavour jusqu'à Carpinetto, — peut passer pour un palais. Léon XIII appartient à une famille de noblesse ancienne, venue de Sienne au quinzième siècle.

Le Pape a trois frères, dont un, qui fut jésuite jusqu'en 1848, est maintenant un simple prêtre. Léon XIII n'est revenu qu'une fois à Carpinetto, en 1856, après sa promotion au cardinalat. La famille Pecci, qui possède un patrimoine d'un demi-million, passe à Rome une partie de l'année ; elle est pourtant à Carpinetto en ce moment, mais il m'a été néanmoins permis de visiter l'intérieur de la maison.

L'appartement de Léon XIII, situé au premier étage, est meublé dans le vieux style, avec une certaine richesse, mais sans confort. Il n'est sans doute pas visité souvent, car on sent en y entrant cette odeur de renfermé et de moisi, propre aux appartements inhabités.

Dans l'antichambre, se trouve un portrait de Pie VI et quelques estampes. Au salon, sont les portraits de famille, parmi lesquels je remarque celui du nouveau Pape en costume de cardinal. La figure, un peu efféminée, est jeune, souriante et d'une beauté frappante. En vieillissant, les traits se sont accentués, mais ont gardé toujours cet air aimable qui rend le nouveau Pontife si sympathique à tous ceux qui le connaissent. Le père du Pape est là, en uniforme de colonel français *ad honorem*, ainsi que sa mère, née Prosperi, une belle figure de patricienne.

Dans la chambre à coucher, il y a un modeste lit de fer, mal garni, à la tête duquel est un crucifix en argent sur fond rouge.

Tout à côté est une petite chapelle de famille, comme il y en a beaucoup dans les nobles maisons italiennes. Le cardinal Pecci y a dit la messe pendant son séjour. Au second étage sont des chambres à coucher qui n'ont rien de remarquable.

C'est dans l'église des Capucins que sont les tombeaux de la famille Pecci. Le catafalque encore dressé pour le service solennel en l'honneur de Pie IX couvrait la pierre tombale. J'ai pu cependant relever les armes de Léon XIII, qui se composent d'un cyprès, d'une barre, de deux lys, de six roses et d'une comète sur champ d'azur.

Carpinetto est en liesse ; tous les habitants ont gardé un charmant souvenir du Pape ; on se souvient de ses manières affables, et les anciens de la bourgade se plaisent à raconter les exploits du cardinal Pecci. Il paraît que dans sa jeunesse et une fois dans ses montagnes, le Pape Léon XIII était un chasseur passionné.

## PROMOTIONS DIVERSES.

Grégoire XVI, qui avait la connaissance des hommes, le prit en singulière estime et se l'attacha en le nommant prélat de sa Maison et référendaire à la Signature (16 mars 1836). Peu après, il l'envoya comme délégat à Bénévent ; puis à Spolète, puis à Pérouse.

Dans ces villes, Mgr Pecci fit preuve d'une capacité hors ligne et s'attira l'admiration publique. Il fut en même temps d'une charité toute sacerdotale, d'une équité incorruptible et d'une fermeté indomptable.

Mgr Pecci gouverna Spolète et Pérouse avec la même énergie. Dans cette dernière ville, qui compte vingt mille habitants et qui était le chef-lieu d'une province, il arriva, sous son administration, que les prisons se trouvèrent vides : pas un seul détenu. Au grand regret des Pérugiens, Grégoire XVI le rappela en 1843, le préconisa archevêque de Damiette (Égypte), bien qu'il n'eût que trente-trois ans, et l'envoya comme nonce à Bruxelles.

Mgr Pecci s'acquit beaucoup d'estime et de crédit à la cour belge et dans tous les rangs de la société. Léopold I$^{er}$, monarque rempli de sens, se plaisait à le consulter et à lui prodiguer des marques d'affection. Mais le climat — et peut-être les travaux de sa charge — altéra sa santé au point qu'il dut, sur le conseil des médecins, solliciter son rappel. Léopold I$^{er}$ en fut contristé : il lui conféra le grand cordon de son ordre, et le pria de remettre au Pape un pli cacheté. Le prélat demanda si les commissions du roi étaient pressées : il voulait, avant de rentrer à Rome, visiter une partie de l'Europe, en étudier les institutions politiques, comme il avait fait en Belgique et en Hollande. « Il suffit, Monseigneur, » répondit le roi, « que vous remettiez vous-même le pli aux mains du Pape, à votre rentrée à Rome. » Quand Mgr Pecci eut regagné la Ville Éternelle, Grégoire XVI, après avoir pris connaissance du billet royal, lui dit : « Le roi des Belges exalte votre caractère, vos vertus, vos services ; et il demande pour vous une chose que j'accorderai de grand cœur : la pourpre. Mais voici qu'une députation de Pérouse me supplie de vous confier le gouvernement de ce diocèse. Acceptez donc le siège de Pérouse : vous y recevrez bientôt le chapeau *cardinalice*. »

Mgr Pecci, préconisé archevêque-évêque de Pérouse dans le consistoire du 19 janvier 1846, fut créé en même temps cardinal et réservé *in petto*. Mais Grégoire XVI mourut cette même année sans l'avoir publié ; et Pie IX attendit, pour le publier, jusqu'au 9 décembre 1853.

## À BÉNÉVENT.

Son premier pas dans le gouvernement mérite d'être rapporté.

C'était à Bénévent. — Mgr Pecci, touché de la condition misérable de la province, résolut de l'améliorer.

Il commença par obtenir du gouvernement pontifical un employé capable, nommé Sterbini, qui réorganisa la ligne des douanes. Il alla ensuite trouver le roi de Naples, lui fit part de son dessein, et le décida à ordonner des dispositions sévères. Cela fait, il s'assura de la bonne volonté des officiers de la troupe et de la gendarmerie, et se mit à l'œuvre. Il fallut livrer des combats en règle, poursuivre les brigands dans les châteaux où ils se retranchaient, et entrer de force dans ces citadelles.

Le plus puissant vint, menaçant, trouver Mgr Pecci, et lui dit qu'il partait pour Rome et qu'il en reviendrait avec l'ordre de l'expulser. « C'est bien, Monsieur le marquis, » répondit froidement Mgr Pecci. « Mais, avant d'aller à Rome, vous passerez trois mois en prison, et je ne vous donnerai à manger que du pain noir, et à boire que de l'eau. » Pendant ce temps, le château du marquis était pris d'assaut, les brigands tués ou faits prisonniers, et le peuple acclamait le délégat. En quelques mois, la province fut purgée des brigands ; le Pape loua hautement Mgr Pecci, et Ferdinand II le pria de venir à Naples recevoir les témoignages de la considération royale. Le délégat étant, sur ces entrefaites, tombé gravement malade, le peuple et le clergé en furent alarmés : on fit dans Bénévent des processions de pénitence, les pieds nus et la tête couverte d'un voile.

## C'EST UN EXCELLENT ÉVÊQUE !

À la mort du cardinal Barnabo, préfet de la Propagande (20 février 1874), Pie IX dit à un prélat anglais : « Je fais une grande perte. Comment remplacer ce cardinal, qui avait une connaissance si parfaite et une expérience si longue des affaires de la Propagande ? — Il me semble, Très-Saint Père, que Votre Sainteté a dans le Sacré Collège un homme du plus haut mérite. — Et lequel ? — L'Éminence Pecci. » Pie IX répondit : « Oui, c'est un excellent évêque. »

## FERMETÉ ÉPISCOPALE.

Mgr Pecci avait à Pérouse le haut patronage d'un collège laïque justement estimé des familles chrétiennes. Or, le gouvernement ayant voulu imposer à ce collège des professeurs de son choix et des règlements qui en compromettaient le caractère jusque-là excellent, l'illustre archevêque ordonna aussitôt que ses armoiries fussent enlevées de dessus la porte du collège. En même temps il fit savoir qu'il lui retirait son patronage : c'en fut assez pour que les cours devinssent bientôt déserts.

— En 1848, lorsqu'il était déjà archevêque de Pérouse, Léon XIII a mérité de se voir jeter en prison par les sacrilèges envahisseurs des États de l'Église. Il participait déjà aux épreuves de Pie IX ; et plus tard, lorsqu'il reçut la pourpre, Pie IX put lui dire, à ce que rapportent d'éminents personnages, qu'il serait appelé à ceindre la tiare.

— Une bonne catholique de Rome, lorsqu'elle ouït dire que le nouveau Pape avait pris le nom de *Léon*, s'écria : *Si bene ! era bisogna d'un Leone !* (C'est bien ! nous avions besoin d'un Lion !)

## LE RÈGLEMENT DE VIE.

À Pérouse, le cardinal Pecci était levé dès l'aurore. Après avoir dit la messe, il se mettait au travail. Il s'occupait beaucoup d'études historiques et littéraires, non pas qu'il fût poète, mais il est fort lettré, fort érudit ; il a fait une étude approfondie *de Dante*, à ce point qu'il en récite de longs passages, sur la simple citation d'un vers.

Comme beaucoup d'Italiens de l'Italie méridionale, Léon XIII ne fait qu'un repas par jour, à une heure. Cet homme maigre, à la figure ascétique, est ennemi des recherches de la table, et son menu est pauvrement composé.

Il mange des pâtes bouillies qui tiennent lieu de potage, un peu de viande bouillie ou rôtie, rarement des légumes, du fromage de son pays, *caccio fiore* ou *caccio cavallo*, fabriqué avec du lait de chèvre. Voilà le repas.

À dix heures, quelque temps qu'il fasse, Léon XIII est couché.

## À PÉROUSE.

On écrit de Rome à l'*Univers* ;

Vous avez déjà dit que Mgr Pecci jouissait à Pérouse d'une haute considération, et qu'il était également vénéré du clergé et des fidèles. Ce qu'il convient d'ajouter, c'est que, grâce à sa rare intelligence et à sa féconde impulsion, les études ecclésiastiques furent dès lors poussées dans son diocèse avec une activité sans égale. Son frère[*], modeste et savant disciple de saint Thomas, qui a figuré dans les commissions préparatoires au concile du Vatican comme un des théologiens consulteurs du Saint-Père, a enseigné durant dix ans la philosophie de l'Ange de l'École aux clercs du séminaire de Pérouse, et a préparé ainsi les voies d'une Académie de Saint-Thomas, dont S. Ém. le cardinal Pecci était l'intelligent et actif président, et dont fait partie l'élite du jeune clergé. J'ai pu assister à une de ces séances, où les questions sont traitées et débattues à la lumière des principes du Docteur angélique.

Il faut avoir vu de près le cardinal Pecci vivant au milieu des clercs de son séminaire, pour se faire une idée de sa grande bienveillance et de son grand esprit de foi. Je l'ai vu un soir présider paternellement une sorte de répétition des cérémonies, que ses plus jeunes séminaristes accomplissaient avec une exactitude à laquelle l'évêque de Pérouse attachait un grand prix.

---

[*] D. Giuseppe Pecci était en 1870 professeur de philosophie à l'Université romaine, et y enseignait la pure doctrine de saint Thomas, dont il est un des plus doctes interprètes.

Homme de doctrine et d'action, le cardinal Pecci s'est partout montré ferme et calme, digne et bienveillant. Il a adressé à son peuple plusieurs lettres pastorales qui témoignent de sa science, de son courage et de sa piété. Vous avez déjà publié le texte de son adresse à Pie IX au moment de l'invasion piémontaise. On cite encore de lui deux lettres très-belles et très-fermes à Victor-Emmanuel : dans la première, il protestait énergiquement contre l'introduction du mariage civil imposé aux populations de l'Ombrie par un décret de Pepoli ; dans la seconde, il réclamait contre l'expulsion des camaldules du mont Corona et des autres corporations religieuses. Ces lettres firent grande sensation.

Ce dont on se souvenait moins et ce que vient de rappeler très à propos la *Voce della Verità*, c'est que l'archevêque-évêque de Pérouse eut à subir en 1862 un procès « pour excitation au mépris et au mécontentement contre les lois civiles du royaume d'Italie ». Voici à quelle occasion : il y avait en ce temps-là dans le diocèse de Pérouse trois malheureux prêtres qui furent accusés publiquement par les révolutionnaires de n'avoir pas voulu signer la fameuse adresse de Passaglia, dans laquelle ce misérable conseillait au Pape de se démettre volontairement du pouvoir temporel. Les trois prêtres répondirent que, s'ils n'avaient pas signé cette adresse, c'est qu'ils en avaient signé une autre, plus sacrilège encore, et ils ajoutaient qu'ils la tenaient à la disposition de quiconque se sentirait inspiré d'y adhérer.

Instruit du scandale, le cardinal Pecci écrivit aux trois malheureux prêtres, les exhortant à rentrer en eux-mêmes, afin de se mettre en règle avec l'Église. En attendant, il leur interdisait d'exercer le ministère sacerdotal tant qu'ils n'auraient pas rempli leur devoir. Les coupables, bien loin de se rendre, eurent l'infamie de transmettre au fisc la lettre du cardinal, contre qui l'on dressa immédiatement un acte d'accusation pour les raisons susdites. Toutefois, et en examinant de près la cause, le juge instructeur déclara qu'il n'y avait lieu à procès. Le fisc ayant appelé de cette décision, la cause fut portée devant la cour d'appel de Pérouse, qui ne put qu'absoudre le cardinal.

# HOMÉLIE SUR LA PAPAUTÉ.

On écrivait de Rome à la *Semaine liturgique de Marseille* :

Je trouve dans une admirable homélie qu'il prononça à l'occasion du jubilé pontifical de Pie IX, le 8 juin 1871, une pensée du cardinal Pecci, que je prends la respectueuse liberté d'appliquer aujourd'hui au pieux cardinal, devenu le successeur de Pie IX : « Il n'y a, » dit-il, « sur terre aucune puissance, toute sublime que vous voudrez, qui puisse à bon droit empêcher le suprême Hiérarque d'exercer sa divine mission et d'accomplir ses devoirs. Non, puisque c'est de Jésus-Christ lui-même, qui s'appelle le Roi des rois, le Seigneur des souverains, que, dans la personne de Pierre, il a reçu le mandat de paître et de gouverner, avec une juridiction épiscopale, tout le troupeau catholique ; c'est de Jésus-Christ lui-même qu'il tient les clefs du royaume céleste ; c'est par Jésus-Christ lui-même que lui fut donné le pouvoir de lier et de délier toutes choses sur la terre, avec promesse de pleine ratification au ciel. C'est donc par impiété que le monde tente de mettre en doute par de perverses doctrines ou d'amoindrir par de sacrilèges attentats sa souveraine indépendance. »

# LE DERNIER MANDEMENT DE L'ARCHEVÊQUE DE PÉROUSE.

On écrit de Rome, le 21 février 1878 :

Je crois qu'il sera fort intéressant pour nos lecteurs de connaître quelques extraits de la magnifique pastorale que S. Ém. le cardinal Pecci, devenu désormais Pape sous le nom de Léon XIII, adressait au clergé et aux fidèles de son diocèse à la date du 10 février 1878, c'est-à-dire dix jours avant son élévation au Pontificat.

Cette lettre pastorale a pour titre : *l'Église et la Civilisation*. C'était là le thème favori de l'archevêque de Pérouse. Il avait publié déjà d'autres pastorales sur ce même sujet. L'illustre archevêque croyait avec raison très-nécessaire d'insister sur ce point.

Au moment où la Révolution détourne la civilisation de sa voie en l'entraînant loin de l'Église, le cardinal Pecci démontre que la civilisation, en s'éloignant de l'Église, se rapproche de la barbarie, car l'Église seule est capable d'assurer le vrai progrès de l'humanité.

## LE PREMIER TOUR DE SCRUTIN.

Ce conclave, écrit-on encore à l'*Univers*, fera certainement époque dans l'avenir par la promptitude, la régularité et la concorde qui ont présidé à ses opérations. Ce n'est pas que les discussions aient manqué. On assure même qu'elles ont été très-animées ; mais on a toujours fini par constater chez les éminentissimes orateurs la plus grande uniformité de vues. On peut dire pourtant que personne dans le conclave n'apportait l'expérience d'une opération semblable, à laquelle il aurait assisté. En effet, parmi les cardinaux présents à Rome, il n'y en a que quatre qui, ayant été nommés par Grégoire XVI, pussent se souvenir de ce qui s'était passé au conclave de 1846.

Or le cardinal Amat, pendant le dernier conclave, a été retenu au lit par la maladie ; le cardinal Schwarzenberg n'a pas vu les opérations du conclave qui a élu Pie IX, y étant arrivé trop tard ; quant au cardinal Asquini, il a déclaré que ses souvenirs étaient pleins d'incertitude, et le cardinal Carafa, qui est très-vieux, a dit, comme on l'interrogeait, qu'il ne se souvenait plus de rien. Ce manque de cardinaux ayant déjà pris part à un conclave et pouvant témoigner de la manière pratique dont toutes choses s'y font, était une difficulté de plus. Néanmoins, je le répète, tout s'est passé avec un ordre et une promptitude admirables.

Vous avez déjà publié que le premier scrutin avait été déclaré nul, en sorte que l'élection a eu lieu réellement après deux scrutins. À cet égard, voici la vérité, telle que je la reçois de très-bonne source.

L'annulation du premier scrutin tient à ce que, pour la clôture du bulletin, le sceau représentant certains signes de convention ne doit rien contenir qui puisse désigner celui qui vote. Or on remarqua que l'un des sceaux portait figurés le chapeau et les *fiocchi* cardinalices. C'en fut assez pour que les cardinaux, soucieux d'observer scrupuleusement toutes les règles du scrutin, annulassent celui-là pour ce que nous appellerions un vice de forme. Constatons seulement que le cardinal Pecci avait obtenu vingt-trois voix dans ce premier scrutin.

L'ÉLECTION.

Le premier vote se fit le mardi matin, mais ce premier vote n'amena pas de résultat.

Au second scrutin et après les conférences que les cardinaux ont pu avoir entre eux sur tous ceux que le premier vote a signalés à leur attention, les voix se groupent sur un plus petit nombre de sujets. Ce second vote eut lieu le mardi soir. Soixante cardinaux y prenant part, trente-cinq voix se réunirent sur le cardinal Pecci ; la majorité nécessaire étant des deux tiers, il ne manquait que cinq voix pour que l'élection fût finie.

Mercredi était le jour marqué dans les desseins de Dieu pour donner à l'Église son Pontife. Dès le matin se fit pour la troisième et dernière fois ce vote si solennel et si majestueux que nous allons décrire.

Dans cette chapelle Sixtine où l'art humain a produit ses plus étonnants chefs-d'œuvre, les soixante cardinaux, vêtus du rochet et de la mosette, la barrette rouge sur la tête, sont assis sur les soixante trônes qui leur sont préparés et écrivent chacun leur bulletin. Le silence le plus profond règne dans l'assemblée. Lorsque les bulletins sont écrits et scellés, on tire au sort les trois scrutateurs, qui vont prendre place au pied de l'autel, deux à droite et un à gauche. On tire également au sort les trois infirmiers chargés d'aller recueillir le vote du cardinal Amat, malade.

Bientôt chaque cardinal quitte son trône, et tous vont se ranger au milieu de la nef ; puis, un à un et processionnellement, ils se dirigent vers l'autel, sur lequel est placée, à côté d'un large calice, une formule de serment en gros caractères. Arrivé au pied de l'autel, chaque cardinal se place entre les scrutateurs et en face du calice. Là, tenant son bulletin, il prononce à haute voix ce serment solennel : « Je jure, devant Dieu qui doit me juger, que j'ai nommé dans mon bulletin celui que, dans mon âme et conscience, je crois être le plus digne de la tiare. Je jure aussi de choisir de même au scrutin d'accession. »

Cela dit, il dépose son vote sur la patène, saisit ensuite la patène, et glisse le bulletin dans la coupe du calice. Il s'incline alors et revient à sa place. Cette cérémonie terminée, les trois scrutateurs prennent le calice et le portent sur la grande table située au milieu de la chapelle, auprès de laquelle ils prennent place. Puis commence l'appel nominal et le dépouillement du scrutin. Les scrutateurs, qui étaient les Émes NN. SS. Régnier, Franzelin et Mikalowitz, comptèrent jusqu'à quarante-quatre suffrages en faveur du cardinal Pecci : c'était plus qu'il n'en fallait pour la majorité légale. Tous les cardinaux se levèrent alors pour accéder à l'élection, c'est-à-dire pour confirmer leur suffrage à l'élu ou pour le lui donner, de sorte que l'élection se fit avec l'assentiment de tous.

C'est sans doute cette unanime accession que les agences télégraphiques ont faussement et peut-être intentionnellement appelée élection par adoration.

Les trois chefs d'ordre du Sacré Collège se présentèrent alors devant le siège de l'élu, auquel le cardinal doyen adressa l'interrogation suivante : *Acceptasne electionem in Summum Pontificem ?*

L'élu répondit aussitôt qu'il ne se croyait pas digne d'une si haute charge, mais que, tous étant d'accord, il se soumettait à la volonté de Dieu.

Alors le cardinal doyen adressa au Pontife cette autre demande : Quel nom voulez-vous prendre ?

Le Saint-Père répondit qu'il voulait s'appeler Léon XIII, en mémoire de Léon XII, pour lequel il avait toujours eu la plus grande vénération.

En conséquence, Mgr Martinucci, en sa qualité de protonotaire apostolique, dressa l'acte d'acceptation du pontificat suprême. Puis, les trois chefs d'ordre s'étant retirés, Mgr Martinucci appela deux cardinaux-diacres, qui conduisirent le nouvel élu à la sacristie, où il fut revêtu des habits du Pape, c'est-à-dire de la soutane et des bas blancs, des souliers rouges avec la croix, du rochet, de la mosette, de l'étole et de la calotte blanche. Le Pape paraissait profondément ému.

Rentrant dans la chapelle, le Souverain Pontife donna sur son chemin la bénédiction papale à tous les cardinaux, et, s'étant assis sur la *sedia gestatoria*, déjà placée sur l'estrade de l'autel, il reçut la première adoration des cardinaux, qui lui baisèrent la main et furent admis à l'accolade.

Ensuite le cardinal Schwarzenberg, nommé par Sa Sainteté procamerlingue, lui mit au doigt l'anneau du Pêcheur, et tous les autres conclavistes furent admis au baisement du pied.

Sa Sainteté, ayant donné de nouveau sa bénédiction au Sacré Collège, quitta la chapelle Sixtine pour rentrer dans sa cellule, où il devait rester jusqu'à la grande bénédiction.

La succession de Pie IX, la succession de saint Pierre, le Vicariat de Jésus-Christ était échu au plus digne. Le cardinal Pecci était dès lors

Léon XIII. Investi par Dieu du souverain pontificat, devenu le chef suprême de la hiérarchie sacrée, maître infaillible de la vérité, le nouveau Pape était devenu à l'instant, par le choix de ses collègues, par l'assentiment qu'il y avait donné et par l'ordre divin, le représentant de Dieu sur la terre ; et, chose admirable, c'étaient ceux-là mêmes qui l'avaient élu et dont un instant auparavant il n'était que le collègue, qui donnaient à tout le peuple chrétien l'exemple du respect et de la soumission qui désormais doivent lui être rendus par tout catholique digne de ce nom.

# APRÈS L'ÉLECTION

## LA PREMIÈRE BÉNÉDICTION DE LÉON XIII.

Après que Léon XIII eut reçu l'hommage de ses frères les cardinaux de la sainte Église romaine, le cardinal Guibert, archevêque de Paris, se leva au milieu de l'auguste assemblée et demanda la bénédiction du Pontife pour lui, pour le diocèse de Paris, pour la France tout entière. Léon XIII la lui donna, ajoutant qu'il aimait beaucoup la France, dont il connaissait le grand cœur et le dévouement à l'Église.

C'est ainsi que la France eut la première part aux bénédictions du nouveau Pontife. Si la bénédiction du prêtre nouvellement ordonné, de l'évêque nouvellement consacré, est recherchée comme apportant plus directement les faveurs célestes, cette première bénédiction du Pontife suprême aura sans doute incliné fortement le cœur miséricordieux de Jésus vers notre patrie.

## PROCLAMATION DU PAPE.

Le mercredi, à midi, la foule qui attendait sur la place Saint-Pierre le résultat du troisième scrutin s'était dispersée, croyant que le troisième vote n'avait point encore produit de résultat définitif, lorsqu'à une heure apparut à la grande loge de la basilique vaticane le cardinal premier diacre, S. Ém. le cardinal Caterini, précédé de la croix et escorté de plusieurs prélats, qui prononça d'une voix haute mais bien émue ces paroles si solennelles : *Annuntio gaudium magnum : Papam habemus Emûm ac Revmûm Dominum Joachinum, Sanctæ Romanæ Ecclesiæ presbyterum tituli S. Chrysogoni cardinalem Pecci, qui sibi nomen imposuit Leo decimus tertius.*

La grande nouvelle se répandit en un instant dans toute la ville, et de la ville au dehors dans tout le monde catholique : le télégraphe l'apportait à Paris et dans toutes nos grandes villes vers quatre ou cinq heures. Entraînée par un indescriptible enthousiasme, une foule innombrable a bientôt envahi la place de Saint-Pierre et l'intérieur de la basilique. C'était partout une animation sans pareille, une joie aussi unanime et profonde qu'elle était subite : la joie des enfants demeurés orphelins et qui retrouvent tout à coup la vivante image de leur Père.

C'est qu'en effet on voyait évidemment l'action du Saint-Esprit dans cette élection si prompte et si providentiellement inspirée.

# LA BÉNÉDICTION DE LÉON XIII.

### *Urbi et Orbi.*

À quatre heures une foule innombrable remplissait anxieuse la basilique de Saint-Pierre et l'immense place qui lui sert de portique. Le Pape donnerait-il la bénédiction de la loge extérieure, ou seulement dans l'intérieur du temple ? Cette question, petite en apparence, était grosse de conséquences. Pie IX, depuis l'occupation piémontaise, avait cru que non-seulement le soin de sa dignité, mais l'obligation où il était de sauvegarder l'avenir, lui interdisait toute apparition en public, tout acte en dehors de l'enceinte du Vatican. Son successeur en jugerait-il de même ? La réponse ne se fit point attendre.

À quatre heures un quart, le nouveau Pape, précédé de la croix, assisté de deux cardinaux-diacres, suivi de la plupart des membres du Sacré Collège, revêtu de la soutane blanche, avec la calotte blanche, se montrait à la tribune intérieure, restant dans la royale prison de la Papauté, ne descendant même point dans la basilique.

À ce moment s'élève un long frémissement, et le bruit aussitôt étouffé de trente mille poitrines haletantes prêtes à crier, malgré la sainteté du lieu, pour témoigner de la joie qui déborde. Les applaudissements éclatent, unanimes et puissants comme un vrai tonnerre. C'est l'acclamation du peuple chrétien. Peu à peu cependant il se fait une sorte de silence : Le Pape est à genoux. D'une voix qui retentit dans toute la basilique, il récite les prières ordonnées par le Rituel ; puis, élevant encore cette voix qui désormais commande au monde, il fait descendre sur son peuple, au milieu des larmes de l'assistance prosternée, la première de ses bénédictions : *Benedicat vos omnipotens Deus, Pater, et Filius, et Spiritus Sanctus*.

Le chapitre et le peuple répondent *Amen*.

L'émotion de la foule ne peut plus se contenir. De nouveaux applaudissements, des cris de : *Vive le Pape ! vive Léon XIII !* partent à la fois de mille et mille poitrines, éveillant sous les voûtes de la basilique un écho formidable. Ces vivats du peuple romain, ces ardents témoignages d'amour et de respect ont témoigné une fois encore qu'aux yeux de tous le véritable roi de Rome c'est toujours le Pape. Le soir les illuminations sur la place Saint-Pierre et dans le Borgo furent des plus brillantes.

Le nouveau Pape sera bien vite populaire à Rome et dans le monde, puisque la popularité de Pie IX, que l'on a voulu n'attribuer qu'à sa personne, tenait tout d'abord à l'esprit de foi qui se réveille partout et à la situation que la Révolution a faite à la Papauté. Ainsi aux applaudissements du peuple romain ont aussitôt répondu les applaudissements de tout l'univers catholique. Le mercredi soir la nouvelle arrivait en France ; le jeudi matin le drapeau pontifical était arboré de toutes parts ; le dimanche les églises retentissaient du chant de l'action de grâces et les rues étincelaient des feux d'une illumination aussi générale que spontanée.

## LES ARMOIRIES DE LÉON XIII.

Qui n'a entendu parler des fameuses prophéties sur l'élection des Papes, attribuées, à tort ou à raison, à saint Malachie, archevêque d'Irmargh, en Irlande, mort en 1148 ? On sait que d'après ces énigmes, qu'on est parfaitement libre d'apprécier à son gré, à Pie IX, désigné par *Crux de cruce*, la Croix de la croix, devait succéder *Lumen in cælo*, lumière dans le ciel.

Or les centuries dites de saint Malachie ont souvent été expliquées très-naturellement par le blason des Papes. Les armoiries de Léon XIII justifieraient littéralement la devise *Lumen in cælo*. Voici, en effet, le blasonnement de ces armes :

*D'azur, au pin de Sinople (à enquerre) posé sur une terrasse de même, adextré en chef d'une comète d'or et accosté en pointe de deux fleurs de lys du même, à la fasce arquée, brochant sur le tout.*

La comète d'or brillant dans l'azur du ciel expliquerait que ce Pape ait été désigné par ces mots : *lumière dans le ciel* ; mais nous préférons attribuer à la devise un sens plus étendu, et voir dans le grand Pontife qui nous a été donné l'arc-en-ciel qui se montre après l'orage.

## LE TRÉSOR QUE PIE IX A LÉGUÉ À SON SUCCESSEUR.

Un journal a inventé dernièrement, au profit des journaux qui lui ressemblent, que Pie IX, enrichi par le Denier de Saint-Pierre, a laissé trois ou quatre millions de rente à son successeur et une somme de cent cinquante mille francs à sa famille. C'est une imagination qui n'a aucun fondement. Pie IX n'avait rien : il n'a rien laissé ni à son successeur ni à ses héritiers. Ses livres, peu rares, et qui consistaient en hommages d'auteur, assez proprement reliés, ont été donnés à des établissements publics ou appartenant à la Papauté. Le Denier de Saint-Pierre était pour saint Pierre, en argent ou en nature : il l'a donné à mesure qu'il le recevait. Tout le monde sait que le Piémont a ôté à saint Pierre les rentes et le sol, et tout ce qu'il pouvait lui prendre, mais lui a laissé considérablement de pauvres à nourrir. Par les aumônes des catholiques, Pie IX, qui n'a rien voulu accepter de ses spoliateurs impies, — *Pecunia tua lecum sit in perditionem*, — a soutenu lui-même, avec l'argent multiplié des fidèles, les services et les serviteurs qui tombèrent à sa charge : des églises, des prêtres, des missions, des employés nécessaires et d'autres dont il n'avait plus besoin, mais que les rapines piémontaises réduisaient à la nécessité. Quelque abondantes qu'aient été les ressources du Denier de Saint-Pierre, elles n'auraient pu suffire, sans quelques-uns des prodiges que Dieu a coutume de faire en ces rencontres, pour assister si longtemps la générosité de ses ministres. Ainsi l'Église, si souvent dépouillée, a pu de tout temps suffire à ces nécessités perpétuellement renaissantes et pressantes. *Le christianisme,* disait Mgr Gerbet, *est une grande aumône faite à une grande misère.* Depuis le Golgotha cela n'a pas cessé d'être vrai dans tous les sens. Sans la charité de Dieu, l'humanité n'a pas ce qu'il faut pour vivre. Pie IX a été l'un des hommes qui l'ont le mieux su et qui ont le plus hardiment compté sur la charité. Il a donné ce qu'il avait, n'a rien ramassé pour lui-même, et n'a rien légué à son successeur. Des trésors, lui ! Il savait trop mépriser ce que la rouille dévore et ce que mange le ver. Il a laissé à son successeur le trésor vide de saint Pierre où il avait tant puisé, sachant bien que saint Pierre le remplira toujours.

## SOUVENIRS DU CARDINAL DONNET.

J'ai vu, dit-il, longtemps et de très-près le cardinal Pecci. Pendant toute la durée du concile du Vatican il fut mon commensal. Toutes les fois que je suis allé à Rome, j'ai eu avec ce vénérable prince de l'Église des rapports fréquents, et je puis bien vous dire que les liens de la plus intime amitié unissaient nos cœurs. Vous ne tarderez pas à reconnaître en Léon XIII toutes les qualités de Pie IX, d'impérissable mémoire : c'est la même douceur, la même affabilité, la même éloquence. La science et la fermeté de caractère s'allient chez lui, comme chez Pie IX, à une rare vertu et une prudence consommée. Son humilité seule égale son mérite. Nos sièges se touchaient au conclave, et je vais vous dire ce que j'ai vu. Pendant le dépouillement du scrutin qui allait le placer sur la chaire de Saint-Pierre, entendant que son nom sortait plus fréquemment de l'urne et que toutes les probabilités le désignaient déjà comme le successeur de Pie IX, je vis de grosses larmes couler de ses yeux et sa main laissa tomber la plume dont il venait de faire usage. Je pris la plume et la lui rendis en disant : « Courage ! ce n'est pas de vous qu'il s'agit en ce moment : il s'agit de l'Église et de l'avenir du monde ! Si votre main tremble, la mienne est assurée. » Et lui leva les yeux au ciel, comme pour implorer l'assistance divine. Elle ne lui fit pas défaut. Les feuilles publiques vous ont appris les événements qui ont suivi.

Dans un beau mandement sur l'élection de Léon XIII, l'éminent archevêque de Bordeaux revient, avec beaucoup d'émotion, sur ces précieux souvenirs :

Je ne vous dirai donc rien, N. T. C. F., des grandes qualités qui distinguent l'élu du Seigneur ; l'avenir les révélera mieux que je ne saurais le faire. Qu'il me suffise de proclamer que les relations que j'ai eu le bonheur d'entretenir avec celui qui ce matin encore était mon bien vénéré collègue et ami, et qui est ce soir pour moi un seigneur et un père, seront l'un des plus chers souvenirs de mes vieux ans. Pendant le concile de 1870, le cardinal archevêque de Pérouse m'avait permis de vivre avec lui dans une fraternelle intimité. Depuis ma récente arrivée à Rome, après m'avoir accueilli avec une affection touchante, il n'a cessé de m'entourer de toutes sortes d'égards. Oserais-je ajouter ? pendant le conclave et depuis l'élection de ce matin, il m'a été donné, car j'étais le plus rapproché de sa personne, de compter les battements de son cœur et d'être témoin de ses angoisses, quand son nom, sortant à chaque moment de l'urne sacrée, retentissait aux oreilles du Sacré Collège comme un cri d'espérance, aux siennes comme une menace ou l'annonce du plus douloureux sacrifice. Non, jamais, notre vie dût-elle se prolonger un siècle, nous n'oublierons la tendre effusion avec laquelle il a répondu à nos premiers hommages et la tendresse de son cœur incliné vers le nôtre, au moment où l'Église entière, dans la personne des cardinaux, saluait son autorité souveraine.

## LE NOUVEAU PAPE D'APRÈS M$^{GR}$ MERMILLOD.

L'éloquent évêque d'Hébron a publié une belle lettre pastorale au sujet de l'élection de Sa Sainteté le Pape Léon XIII. Nous y lisons le passage suivant :

Plusieurs de nos prêtres nous ont demandé si nous avions connu le cardinal Pecci ; nous avons apprécié pendant le concile la pénétration de son esprit, son intelligence des difficultés actuelles, son sens sacerdotal, la sainteté de sa vie et les trésors de sa science. Depuis notre exil, nous avons eu l'honneur de le rencontrer souvent à Rome : il s'intéressait avec une sympathie ardente à la situation de l'Église dans notre chère patrie.

Plus d'une fois il nous a sollicité d'aller nous abriter dans sa ville épiscopale, et il daigna nous confier ses vues sur l'état du monde moderne, ses craintes et ses espérances.

Que de fois aussi il nous a parlé, avec une tendre sollicitude, de notre vénéré collègue, le doux et ferme évêque de Bâle, qu'il avait appris à connaître dans les solennelles assises du Vatican ! Les prêtres et les fidèles de la Suisse auront un père qui hérite du cœur de Pie IX ; les bénédictions qui fortifient et fécondent ne manqueront ni à leurs combats ni à leurs œuvres.

Que vos âmes donc, sans oublier jamais l'immortel Pie IX, la joie de nos cœurs, l'inspirateur de nos œuvres et la gloire de notre siècle, se tournent, avec une confiance sereine et une souriante allégresse, vers Léon XIII et l'acclament avec foi et avec amour des titres qu'énumérait saint François de Sales. Ô successeur de Pie IX, si les démolisseurs s'avancent contre vous, contre l'Église, courage !

## L'ACADÉMICIEN.

Il existe à Rome, sous le titre d'*Académie des Arcades*, une société poétique, fondée en 1690 : elle est ainsi nommée de ce que chaque membre prend le nom d'un berger de la Grèce. C'est la société dont les Romains sont le plus envieux de faire partie. Le cardinal Joachim Pecci en était membre, et, maintenant qu'il est devenu Léon XIII, il a voulu que son nom y fût maintenu ; seulement, le nom grec qu'il portait est changé en celui de *Pastor maximus* (Pasteur suprême).

## LÉON XIII ET LA PRESSE.

Le nouveau Pape aime beaucoup la presse catholique. Les journalistes français présents à Rome se sont fait un devoir et un honneur d'implorer quelques-unes des premières bénédictions de Sa Sainteté pour leur œuvre militante. Les correspondances de divers journaux ont raconté ces audiences. Nous aimons à citer ici le touchant récit que M. Eugène Veuillot a fait, dans l'*Univers*, de l'accueil si paternel du Saint-Père :

Je devais être reçu à sept heures du soir. J'appris dans la journée que le Saint-Père, qui depuis son élection reçoit chaque jour dans des audiences générales ou particulières des centaines de personnes, disant à chacune un mot, était si fatigué, qu'il avait dû ajourner une grande audience fixée à quatre heures. J'eus peur d'être compris dans cet ajournement ; mais aucun contre-ordre ne me vint, et le soir, à sept heures, j'étais dans la vaste antichambre de l'ancien appartement du cardinal Antonelli, qu'occupe momentanément Léon XIII.

J'attendis peu et je fus introduit par Mgr Cataldi, qui fait par intérim le service, aujourd'hui très-difficile et pénible, de maître de chambre.

Le Pape était assis dans le fond de son cabinet de travail, qu'éclairait une seule lampe ; il se leva, s'avança de quelques pas pendant que je faisais les génuflexions, et me donna sa main à baiser.

« Vous êtes Eugène Veuillot, du journal l'*Univers* ?

— Oui, Très-Saint Père, et je viens avec bonheur dire à Votre Sainteté que l'*Univers*, qui a toujours été au service de l'Église, la servira toujours avec le plus entier dévouement et la plus absolue soumission. Il a été créé pour cela et espère bien n'y jamais manquer. Je demande à Votre Sainteté sa bénédiction pour notre œuvre, pour ceux qui la font et ceux dont le concours la soutient.

— Je connais depuis longtemps l'*Univers*, répondit Léon XIII. C'est un vrai journal catholique. Je le lis, j'apprécie ses services ; je vous encourage à la persévérance et je vous donne les bénédictions que vous demandez. Mais dites-moi comment va Louis Veuillot, votre frère : j'ai appris qu'il avait été malade.

— Il va bien maintenant, Très-Saint Père, et se propose de venir prochainement recevoir la bénédiction de Votre Sainteté.

— Très-bien ! je le verrai avec satisfaction. »

Léon XIII me demanda ensuite depuis combien de temps j'étais à Rome et daigna m'engager à voir le couronnement, ajoutant que cette solennité aurait lieu dans la grande loge intérieure de Saint-Pierre. Il me donna pour tous ceux qui me sont particulièrement chers les bénédictions que je sollicitais ; puis revenant à la presse religieuse, il parla de la mission qu'elle remplit et des services qu'elle rend.

« Continuez votre œuvre, » ajouta le Saint-Père, « et continuez-la avec fermeté. La religion est très-attaquée : il faut la défendre. Tout est là. C'est la société que l'on sauvera en défendant les principes religieux. La presse catholique, soumise de tout cœur aux enseignements du Saint-Siège, est plus que jamais utile, et je tiens à l'encourager. »

Au moment où je me retirais, le vicaire de Jésus-Christ s'avança de quelques pas et me dit : « Je donne une bénédiction spéciale à Louis Veuillot ; dites-lui bien que je le bénis. »

# LA FRANCE ET LE NOUVEAU PAPE.

Nous avons dit plus haut, à l'occasion de l'élection de Léon XIII, les paroles de sympathie de l'auguste Pontife pour notre chère patrie et la bénédiction spéciale qu'il lui avait accordée. Il est bon aussi de recueillir quelques actes et quelques paroles qui ont précédé immédiatement son exaltation au souverain pontificat, et qui confirment sa paternelle affection pour notre France. Déjà le cardinal archevêque de Paris avait présenté au cardinal Pecci, camerlingue de la sainte Église romaine, une adresse des sénateurs et des députés catholiques français. Le Sacré Collège avait répondu à cette adresse de la manière la plus flatteuse pour les signataires et la plus bienveillante pour la France.

Le dimanche, veille du conclave, l'éminent cardinal Pecci recevait en audience spéciale, au palais du Vatican, les délégués français chargés de présenter l'adresse des œuvres catholiques. Les délégués étaient au nombre de huit ; on remarquait parmi eux le R. P. d'Alzon, le R. P. Picard et le vicomte de Damas. Le cardinal Pecci a répondu à l'adresse par le discours suivant ; nous en citons, d'après l'*Univers*, le résumé fidèle :

« Je suis heureux de la démarche que vous faites auprès du Sacré Collège ; je regrette seulement de n'avoir pas reçu votre adresse un jour plus tôt : je me serais empressé de la lire au Sacré Collège. Ce matin, le cardinal Guibert a lu l'adresse des députés et sénateurs catholiques ; il a parlé ensuite du dévouement de tous les Français, et ses paroles ont causé une profonde impression et une grande joie.

« Peut-être pourrai-je demain lire votre adresse, et je ne doute pas de la joie qu'elle apportera au milieu des tristesses du jour. Je vous remercie avec effusion, vous et toutes les œuvres que vous représentez. C'est un grand bonheur pour nous de voir la France accourir la première en cette circonstance.

« Car, sachez-le bien, nous ne confondons pas tout ce qui vient aujourd'hui de la France avec les Français, toujours si attachés au Saint-Siège, toujours si généreux pour l'Église. Nous remercions donc la France et nous prions pour qu'elle renoue avec ses traditions de foi et de grandeur.

« Elle est aujourd'hui dans une position douloureuse ; mais espérons que les prières et le zèle de ses enfants attireront sur elle les grâces du Ciel, et que bientôt elle reprendra son poste, poste de gloire et d'honneur, qu'elle a occupé si vaillamment et qui a accrédité parmi les peuples cette devise que vous saurez réaliser : *Gesta Dei per Francos.* »

Le grand cœur du cardinal Pecci nous a dit d'avance ce que sera Léon XIII pour notre chère patrie ; de telles paroles doivent aussi porter la France à demeurer digne de son titre glorieux de fille aînée de l'Église.

Le lendemain de l'élection de Léon XIII, Mgr Sauvé, recteur de l'université catholique d'Angers, a obtenu une audience. Le Pape a béni le recteur, les élèves et l'université. Sa Sainteté a ajouté de son propre mouvement : « Dites à l'évêque d'Angers que je le bénis tendrement, ainsi que son diocèse. »

# L'ÉGLISE ET LA CIVILISATION

pastorales adressées en 1877 et en 1878 par le cardinal Pecci (futur pape Léon XIII) à ses diocésains de Pérouse

# PREMIÈRE PASTORALE

Les feuilles publiques se sont beaucoup occupées, depuis l'élection de Léon XIII, d'une pastorale récemment publiée par le Saint-Père, en sa qualité d'évêque de Pérouse, sur le sujet dont on vient de lire le titre.

Aucun de nos lecteurs n'ignore l'importance de la question. Aussi, les feuilles dont nous parlons s'en étant occupées, qui dans un sens, qui dans un autre, il nous a paru capital de mettre sous les yeux des catholiques une traduction intégrale et vraiment exacte de cette œuvre.

Elle est divisée en deux parties. Le cardinal Pecci, qui affectionnait cet important sujet, avait traité la première à l'occasion du Carême de 1877. Nous les traduisons l'une et l'autre.

Chanoine ANT. RICARD.

# I

Le devoir que nous impose toujours notre ministère pastoral, de vous annoncer la vérité, s'accroît aujourd'hui, nos bien-aimés diocésains, en raison de vos besoins, que le malheur des temps où nous vivons rend plus pressants. Il est urgent de vous parler pour éclairer votre esprit, que l'on travaille à enténébrer par de fallacieuses et séduisantes doctrines, et pour vous mettre en garde contre des maximes énoncées en toute liberté et tendant à devenir souverainement périlleuses. Il est urgent de vous parler surtout pour dissiper la confusion qui se glisse adroitement dans les idées, au point que l'on ne sait plus ce qu'il faut condamner comme criminel et ce qu'il faut conserver comme bon et juste. La guerre faite à Dieu et à la sainte Église, nos très-chers diocésains, est d'autant plus formidable que, loin d'être toujours conduite avec loyauté, elle est faite avec de trompeuses astuces. Si les impies qui vivent au milieu de nous disaient toujours et ouvertement le but qu'ils veulent atteindre, notre labeur deviendrait beaucoup plus facile, et d'autre part les fidèles, épouvantés par l'énormité elle-même de leurs assertions, s'éloigneraient et refuseraient de prêter l'oreille aux séducteurs. Mais il n'en est point ainsi : on emploie au contraire des expressions trompeuses, à double sens, indécises ; puis, sans les expliquer ni les définir, on les livre en pâture à la curiosité publique. Là-dessus on bâtit comme autant de citadelles, d'où l'on tire avec rage contre l'Église, contre ses ministres, contre leurs enseignements.

On pourrait donner plus d'un exemple éclatant de cet artifice ; mais, pour ne parler que d'une seule expression, dont les incroyants abusent si fort, qui ne sait, nos bien-aimés, combien l'on répète aujourd'hui à satiété le mot de civilisation, comme si, entre la civilisation et l'Église, il y avait une contradiction intrinsèque et une irréconciliable inimitié ? Ce mot, en soi très-vague, et que ceux qui l'emploient se gardent bien de définir, est devenu le fléau qu'on assène sur nos épaules, l'instrument pour abattre les plus saintes institutions, le moyen d'arriver aux plus lamentables excès.

Si l'on tourne en dérision la parole de Dieu et la parole de Celui qui le représente sur la terre, c'est la civilisation qui l'exige. C'est la civilisation qui veut qu'on restreigne le nombre des églises et des ministres sacrés, et qu'on multiplie par contre les lieux de péché. C'est la civilisation qui réclame des théâtres sans retenue, sans frein et sans pudeur. Au nom de la civilisation, on lâche la bride aux usures les plus épouvantables, aux gains les plus malhonnêtes. C'est encore au nom de la civilisation qu'une presse immorale porte la maladie dans les âmes, et que l'art devenu corrupteur souille les yeux de vilaines images et fournit le moyen de corrompre les cœurs. À l'abri de cette parole mensongère, arborée comme un drapeau d'honneur, la marchandise empoisonnée a libre cours, et, parmi les rumeurs étourdissantes, parmi la confusion des idées, il reste cru que c'est notre faute si la civilisation ne se répand pas plus vite et ne court pas à de plus sublimes destinées.

Tel fut le principe de ce qu'on a voulu appeler la lutte en faveur de la civilisation, et qu'il conviendrait beaucoup mieux d'appeler l'oppression violente de l'Église.

Vous ne vous étonnerez donc plus, nos très-chers diocésains, si, aux approches du temps de Carême, voulant vous adresser, comme de coutume, notre parole de pasteur, nous nous sommes décidés à traiter avec soin, de préférence à tout autre sujet, de cette civilisation. Nous voulons vous démontrer, par des preuves évidentes, que tout ce qu'il y a de bon dans ce mot et dans sa signification nous est venu dans le passé par les mains de la sainte Église, et que les maternelles sollicitudes de l'Église pourront seules nous le conserver dans l'avenir.

## II

En commençant à traiter ce sujet important, nous ne voulons pas qu'on puisse avec raison nous rétorquer le reproche que nous avons fait à nos adversaires, de nous servir de mots qui, n'étant pas bien définis, tendent à engendrer la confusion. La vérité ne gagne rien à ce système ; et vous, nos bien-aimés, pour qui la parole de votre pasteur n'est pas nouvelle, vous savez combien par-dessus tout nous avons eu toujours à cœur le triomphe de la vérité sur l'erreur. Avant tout donc, nous nous appliquerons à expliquer le sens d'un mot si souvent répété. Nous ne croirons pas mal avoir employé le temps, si, une claire définition du mot étant donnée, notre discours devient plus clair et mieux ordonné.

## III

C'est une vérité connue, — et un instant de réflexion suffit pour nous en convaincre tous, — que l'homme a été créé de Dieu pour vivre en société, et qu'il a été constitué de telle sorte que, sans la société, il ne pourrait aucunement vivre. Petit enfant, abandonné à lui-même, il tomberait plus vite que les fleurs dont la durée ne dépasse pas quelques heures. Devenu un peu plus grand, manquant de jugement et d'expérience, il se tromperait souvent à son grand désavantage, s'il n'y avait personne pour le conduire, pour l'instruire, pour le dresser à régler honnêtement sa vie, pour lui apprendre à rendre à autrui ses services, comme les autres les lui rendent à lui-même. Parvenu à l'âge viril, qu'en serait-il de lui, sans la tutelle prévoyante de la société dont il fait partie ? Un célèbre économiste français\* a fait comme le tableau des bienfaits multiples que l'homme retire de la société, et c'est une merveille de les contempler.

Considérez le plus pauvre des hommes, le plus obscur des artisans : évidemment il a de quoi se vêtir bien ou mal, il a de quoi chausser ses pieds. Or que de gens, que de foules doivent se mettre en mouvement pour lui préparer ses habits, ses chaussures ! Chaque jour il met à sa bouche un morceau de pain ; et là encore, quel travail ! que de bras employés à son service, depuis le paysan qui lui ouvre les sillons du champ pour y semer le grain, jusqu'au dernier de ceux qui convertissent le grain en pain ! Cet homme a des droits ; et il y a des avocats pour plaider, des magistrats pour rendre les jugements, des soldats pour les faire respecter. Il est ignorant ; et il y a des écoles, des hommes qui composent des livres pour lui, d'autres qui les impriment. Il a des instincts religieux, des aspirations vers Dieu ; et il y a, à son service, de ses frères qui laissent toute autre occupation, s'adonnent à l'étude des choses saintes, renoncent aux plaisirs, au négoce, à la famille, pour mieux répondre à ces besoins supérieurs.

Mais assez là-dessus. Il est bien clair qu'il faut absolument vivre en société pour satisfaire des besoins aussi inéluctables que divers.

---

\* Frédéric Bastiat.

## IV

La société, étant composée d'hommes essentiellement perfectibles, ne peut demeurer immobile ; elle progresse et se perfectionne. Un siècle hérite des trouvailles, des découvertes, des améliorations procurées par le siècle précédent ; et ainsi la somme des bienfaits physiques, moraux, politiques, s'accroît merveilleusement. Qui voudrait comparer les misérables cahutes des peuples primitifs, la vaisselle grossière, les ameublements imparfaits de ces peuples, avec tout ce que nous possédons au dix-neuvième siècle ? Y a-t-il quelque proportion entre le travail exécuté si parfaitement par nos ingénieuses machines, et celui qui sortait difficilement et imparfaitement de la main de l'homme ? Quelqu'un doute-t-il qu'il y ait amélioration sur les routes mal tracées, sur les ponts mal assis, sur les voyages si longs et si incommodes, dans le roulement de nos voies ferrées, qui mettent des ailes à nos épaules et qui semblent avoir amoindri notre planète, tant les peuples se sont rapprochés ?

L'adoucissement des mœurs publiques et la politesse des manières ne donnent-ils pas à notre temps une grande supériorité sur le contact rude et grossier des barbares, et les relations d'homme à homme ne se sont-elles pas polies ? Le système politique, sous certains rapports, ne s'est-il pas amélioré par l'œuvre du temps et de l'expérience ? Où sont aujourd'hui les vengeances privées consenties et admises, les épreuves du feu, le talion, etc. ? Les petits feudataires, les municipes batailleurs, les soldats d'aventure indisciplinés, n'ont-ils pas disparu ? C'est donc une vérité acquise que l'homme en société va se perfectionnant, au triple point de vue du bien-être physique, des relations morales envers lui-même et envers les autres, et des conditions politiques. Or les divers degrés de ce développement progressif auquel atteignent les hommes réunis en société, composent la civilisation. Elle est rudimentaire et enfantine quand les conditions du perfectionnement de l'homme sous ce triple aspect s'exercent dans une étroite limite ; elle est adulte quand cet exercice est plus large ; elle serait complète, si toutes ces conditions arrivaient jamais à leur entier développement.

## V

Voilà donc la notion vraie de la civilisation. Sans nous arrêter dès lors à porter des coups à l'aveugle et à jouter dans le vide, voici que s'offre à nous la grande question qui, de nos jours, tient le monde en suspens.

« La civilisation est-elle une plante de telle nature qu'elle ne puisse produire et mûrir ses fruits dans une société qui vit de l'esprit de Jésus-Christ, et au milieu de laquelle l'Église catholique fait entendre sa voix de Mère et de Souveraine ? L'homme sera-t-il donc condamné à ne pas tirer de la société tous les avantages qu'il est en droit d'en attendre dans l'ordre physique, moral et politique, là où il ne se révolte point contre l'Église et où il ne lui signifie pas son libelle de répudiation ? » Cela, nos très-chers diocésains, il faudrait l'affirmer, si l'on s'en tenait aux idées en vogue et aux faits qui se passent sous nos yeux. C'est ainsi qu'il faudrait parler, si cette incompatibilité se trouvait dans le christianisme et dans l'Église, et l'on croirait devoir recourir à une guerre sans merci contre l'Église au nom de la civilisation, si l'on a pensé et si l'on pensait toujours que tout espoir d'amélioration est perdu, là où l'on n'en finit point tout d'abord avec l'Église.

Voilà, nos très-chers diocésains, la question que nous disons grande et capitale : car, si on la résolvait au détriment de l'Église, il n'y aurait peut-être plus moyen d'arrêter l'apostasie de ses enfants, qui prendraient en dédain une institution qui les contraindrait à demeurer barbares et en dehors de la civilisation.

## VI

Mais, si la question d'une part est très-grave en soi et à cause de ses conséquences, d'autre part elle est de celles qui tournent à la gloire et au triomphe de l'Église. Il suffit pour cela d'une réflexion calme et d'un examen sincère des faits. C'est donc avec le calme de la réflexion et à la lumière même des faits que nous allons la traiter, ô nos bien-aimés diocésains, afin qu'aucun de vous ne soit induit en erreur et porté à de vaines suspicions contre l'Église, par la malice d'autrui.

Cependant nous songeons à l'ampleur elle-même du sujet, qui ne peut être confiné en entier dans les limites nécessairement restreintes d'une lettre pastorale. Il vaudra donc mieux partager le traité, nous contentant cette fois de parler de la civilisation en tant qu'elle réalise les conditions de perfectionnement de l'homme en société, sous le rapport physique et matériel.

Ce n'est pas sans dessein prémédité que nous commençons par ce côté de la question : car, outre qu'il est le premier à s'offrir aux développements, et dès lors le premier à attirer l'attention, il est encore le plus grave, non point dans sa valeur intrinsèque, mais à cause des inclinations désordonnées de notre âge, lequel est fort chatouilleux pour tout ce qui touche à la satisfaction des sens et au bien-être de la vie présente.

## VII

Est-il donc vrai, nos bien-aimés diocésains, que, dans l'Église et en suivant ses enseignements, l'homme, au point de vue du bien-être physique, rencontre des obstacles pour atteindre ce degré de civilisation qu'il pourrait atteindre en se débarrassant de tout lien et de toute dépendance vis-à-vis d'elle ? Comme elles conviennent à notre sujet, ces paroles bien connues d'un écrivain peu suspect de partialité envers l'Église ! « Chose admirable ! la religion chrétienne, qui ne semble avoir d'autre objet que la félicité de l'autre vie, fait encore notre bonheur dans celle-ci. »[*]

En effet, remarquez-le, nos très-chers diocésains, la première source de la prospérité, c'est le travail : le travail, d'où viennent les richesses publiques et privées, les perfectionnements de la matière et les découvertes ingénieuses. Or le travail, qu'on le considère dans sa forme la plus humble, qui est le travail manuel, ou qu'on le considère dans sa forme la plus noble, qui est l'étude de la nature pour en connaître et en appliquer les forces aux usages de la vie, qui l'a mieux préconisé que la religion de Jésus-Christ, conservée pure et inaltérée dans l'Église ?

Le travail fut toujours regardé avec mépris et il l'est encore là où le christianisme n'étend point son bienfaisant empire. Aristote le traitait d'indigne d'un homme libre [†] ; c'est du même nom que le gratifiait Platon[‡]. Les ouvriers, qui furent toujours de la part de l'Église l'objet de

---

[*] Montesquieu, *Esprit des lois*, XXIV, III.
[†] *Politic*, III, III ; VIII, II.
[‡] *De Rep.*, II.

si amoureuses sollicitudes, n'étaient point estimés par les Grecs comme dignes du nom de citoyens, et ils étaient comme mis au rang des esclaves\*. L'homme libre ne travaille pas, il doit se montrer dédaigneux même vis-à-vis des beaux-arts ; tel il se montrera dans les amphithéâtres, dans ses relations sociales, et dans les assemblées il se vantera de son oisiveté. Les mœurs des Romains différaient peu, sous ce rapport, de celles des Grecs.

Marcus Tullius, Cicéron, ce grand philosophe, cet illustre orateur, méprisait si fort le travail, qu'il tenait les artisans comme gens de rien et comme des barbares[†]. Térence, qui est un excellent témoin des idées reçues et ayant cours à Rome de son temps, fait entendre que celui-là était regardé comme digne de respect et d'honneur, qui menait une vie oisive, et non point celui qui était obligé de l'occuper par le travail[‡]. Juvénal nous apprend quelle était l'occupation la plus douce des hommes libres de Rome : « Ramper ou se montrer insolents vis-à-vis des riches, afin d'en tirer du pain ou des amusements sanguinaires[§]. » Tel fut, nos bien-aimés diocésains, le travail chez les deux peuples les plus policés de la gentilité. Jamais, en dehors de ces peuples, il n'a été ou il n'est mieux apprécié. Comme les anciens Germains dont parle Tacite[#] avaient le travail en horreur, de même nous voyons de nos jours la même antipathie persister parmi les peuples privés de la lumière de l'Évangile. Dans l'Inde, un brahmane, c'est-à-dire un homme appartenant à une caste plus élevée, se croirait déshonoré si seulement il touchait un paria. Les sauvages de l'Amérique du Nord s'abstiennent du travail, qu'ils rejettent sur la femme, regardée par eux comme une esclave. Si nous devons en croire une *Revue* célèbre, même parmi nous, qui sommes arrivés à un si haut degré de civilisation, le travail n'est guère honoré qu'en paroles ; et, tandis que l'on s'incline devant le riche, on ne fait guère bon visage à celui dont les mains sont devenues calleuses au contact des instruments de sa profession[°].

Cet état de choses disparut lorsque le souffle de la religion chré-

---

\* *Politic.*, II, I.
† *Quæst. Tusc.*, V, XXXVI.
‡ *Eum.*, II, II.
§ *Satir.*, X, 81.
# *Germ.*, XIV-XV.
° *Revue des Deux Mondes*, t. LXI, p. 70.

se fit sentir dans le vaste corps de la société. Du premier coup, le travail fut pour elle comme une dignité surhumaine, puisque Jésus-Christ, vrai Fils de Dieu, voulut être soumis au pauvre artisan de Galilée, et que lui-même, dans la boutique de Nazareth, ne dédaigna point d'appliquer au travail sa main bénie. C'est au travail que les apôtres, envoyés par Jésus-Christ, voulurent demander leur subsistance, afin de n'être point à charge à leurs frères et de pouvoir même aider les indigents*.

Les saints Pères semblent ne pouvoir trouver d'expressions répondant à leur très-vif désir de louer le travail et de le faire estimer à très-haut prix auprès de tous. — Saint Ambroise†, saint Augustin‡, l'exaltent pour le propre service qu'il rend. Saint Jean Chrysostome fait ressortir que le travail, outre qu'il est imposé comme expiation, sert encore d'exercice destiné à fortifier la nature morale. Le travail enfin permet à l'homme§ de se suffire à lui-même et de secourir les autres. — Ce sont là tout autant de beaux et vrais panégyriques du travail, tous chrétiens, tous sortis du sein de l'Église. Elle influe grandement de son côté, par sa manière d'agir, pour que ces éloges prennent corps dans les faits et dans les institutions.

La vie monacale, consacrée spécialement au travail et plus particulièrement à l'agriculture, est venue prendre sa place dans la société, et apporter glorieusement un concours vigoureux au bien-être commun. Séparés de cette grande institution par les treize siècles écoulés depuis son établissement, fiers de nos industries et de nos progrès, nous avons oublié les temps où elle surgit, les efforts qu'elle a faits, et les dettes que la civilisation a contractées envers elle. Que de louanges ne méritent pas ces pauvres moines, qui donnèrent une si puissante impulsion à tout ce qui rend la vie douce et aisée ! Nous vivons en des temps où le travail est en honneur, où celui qui possède de grands capitaux vient chercher dans le travail les moyens de les accroître, et où celui qui ne les a point y recourt également pour essayer d'arriver à la richesse tant désirée. Mais ces saints hommes, qui se réunissaient en commun sous la discipline de l'Église, vivaient aux temps des invasions barbares, temps de confusion et de

---

\* *Act. apost.*, xx, 34 et 35.
† *De Vita beata*, I, VI.
‡ *De Oper. monachor.*, III.
§ *Constit. apost.*, VII, XII.

désordres, où nul ne songeait à prendre plaisir au travail, où qui possédait un bras robuste ne pensait pas pouvoir l'employer mieux qu'à le mettre au service de quelque aventurier rapace, pour se livrer au pillage et au meurtre. Et pourtant, dans des conditions aussi désavantageuses, ces hommes se répandirent dans toute l'Europe devenue comme un désert, pour lui faire changer d'aspect et l'enrichir d'une florissante culture. Transportons-nous par la pensée en ces temps-là, et considérons, nos très-chers diocésains, quel exemple efficace et vraiment profitable donnaient ces hommes, qui, contents d'un pauvre vêtement, satisfaits d'une nourriture à peine suffisante pour écarter la mort, laissaient la prière pour venir dans la campagne, pour y fendre avec la charrue le sol endurci, pour y jeter le grain qui, en germant, devait fournir le pain des pauvres, des voyageurs, du pays entier. Ils s'adonnaient ensuite, avec un effort incroyable, à ouvrir les routes, à jeter les ponts, pour rendre les communications plus faciles de pays à pays, pour faciliter et assurer le commerce. Quels avantages la société ne devait-elle pas retirer des expériences de ces hommes, qui, après avoir fait épreuve sur épreuve, avec une patience pleine de longanimité, mettant en commun leurs forces et leurs lumières, étaient parvenus à dessécher les marais, à endiguer les fleuves, à recueillir les eaux éparses, pour les faire servir à l'irrigation des campagnes, et tout cela d'une manière si ingénieuse, que, selon le témoignage d'un illustre historien\*, les modernes eux-mêmes, après les progrès des sciences naturelles, auraient encore quelque chose à apprendre de ces vieux habitants du cloître !

Ce ne sont pas seulement les arts primitifs et plus strictement indispensables à l'agriculture qui doivent leur progrès et leur vie aux moines inspirés et dirigés par l'Église ; mais les arts de main-d'œuvre et les arts libéraux n'eurent pas de plus sûr asile ni de champ plus propice à leur exercice que les églises, les évêchés et les monastères, où les premiers se formèrent et se polirent, où les seconds jetèrent leurs premières étincelles, destinées à devenir une splendeur merveilleusement lumineuse.

Si donc le travail est une source de richesse, et si la richesse publique est un signe de civilisation en tant que l'homme se perfectionne au point de vue de son bien-être physique et extérieur, on ne peut mettre en doute que l'Église a des droits historiquement incontestables à la recon-

---

\* Cantù, *Histoire des Italiens*.

commune, et qu'une lutte engagée contre elle au nom et dans l'intérêt de la civilisation serait tout à la fois déraisonnable et injuste.

## VIII

Cette déraison, cette injustice manifestes éclatent encore mieux si l'on consulte notre histoire civile, cette histoire que les ennemis de l'Église, pleins, comme ils sont, de préjugés et de colères de parti, ne lisent point ou falsifient trop vite après l'avoir lue.

Quoi donc ! nos bien-aimés diocésains, on veut abandonner l'Église, qu'on affirme incapable de promouvoir la civilisation et les heureux progrès que l'on préconise ! et, si l'on ne jette pas au feu les documents historiques intéressant notre patrie, il faut confesser que la société, en Italie, ne s'éleva jamais d'un vol plus haut dans la civilisation, que lorsqu'elle était animée du souffle chrétien et tout enveloppée dans une atmosphère catholique.

Avec toutes nos prétentions et notre jactance, nous ne savons vraiment si des hommes de bon sens auraient le courage de soutenir que, en fait de politique et de grandeur industrielle, nous, modernes nous sommes sur la voie de surpasser nos pères catholiques et croyants en paroles et en actes. — Venise, Gênes, Pise, Lucques, Florence, et bien d'autres villes ou provinces italiennes, pendant qu'elles étaient soumises à l'autorité de la sainte Église, pleines de cette foi qui se traduisait dans les splendides basiliques et dans les innombrables institutions de la piété chrétienne, déployaient une puissance qui, eu égard aux temps et à l'imperfection des moyens, surpasse celle des plus florissantes nations modernes. L'Ionie, la mer Noire, l'Afrique, l'Asie, étaient le théâtre des gestes commerciaux et guerriers de nos aïeux ; ils y faisaient les plus importantes et les plus fécondes conquêtes ; et, tandis que, au dehors, leur drapeau flottait craint et honoré, chez eux ils ne demeuraient pas oisifs : ils cultivaient les arts et le négoce, accroissant par tous les moyens honnêtes la richesse publique et la richesse privée. Les industries de la laine, de la soie, de l'orfèvrerie, des verres peints, de la papeterie, fournissaient, à Florence, à Pise, à Bologne, à Milan, à Venise, à Naples, du travail à des milliers et des milliers d'ouvriers, attiraient sur nos marchés l'or et le concours des étrangers.

De là ce luxe si fièrement condamné par Alighieri, par Villani, par

Vacchi, par presque tous nos chroniqueurs, fruit de la richesse accrue dans ces commerces ; de là encore l'accroissement et la splendeur des beaux-arts, qui viennent d'ordinaire embellir les loisirs d'une vie aisée. — Les noms de Giotto, d'Arnolfo, de Brunelleschi, jusqu'à ceux du Pérugin, de Raphaël, du Titien, de Vignola, de Palladio et d'une foule d'autres, forment un beau cadre au tableau qui représente le merveilleux progrès dans la civilisation d'une société qui n'était point obligée de se soustraire à la sujétion vis-à-vis de l'Église et de devenir incroyante pour marcher à l'aise dans la voie de la civilisation, pour atteindre les aises et goûter les charmes de la vie.

## IX

Mais l'Église n'a pas seulement l'incontestable honneur d'avoir ennobli et sanctifié le travail ; elle n'a pas seulement la gloire d'avoir fait faire des pas rapides dans la voie de la civilisation à la société, quand elle l'a conduite et inspirée ; elle a un honneur encore plus noble, une gloire encore plus pure : c'est de tenir les hommes dans un raisonnable milieu, d'empêcher qu'un amour excessif du travail ne dépasse les limites, au point de transformer en une source de barbaries et d'oppressions, ce travail qui, pratiqué avec discrétion, est le moyen de procurer de souhaitables avantages et une honnête prospérité.

Les écoles économiques modernes, infectées d'incrédulité, ont considéré le travail comme la fin suprême de l'homme ; elles ont regardé l'homme lui-même comme une machine plus ou moins appréciable, selon qu'elle sert plus ou moins à la *production*. De là le compte absolument nul qu'on tient de l'homme moral, de là cet abus énorme de la pauvreté et de la faiblesse, au profit de qui s'applique à l'utiliser à son avantage. — Que de doléances et que de plaintes n'entend-on pas, même dans les pays estimés comme tenant le haut bout de la civilisation, pour les heures excessives de travail imposées à celui qui doit gagner son pain à la sueur de son front ! Et ces pauvres enfants conduits dans les ateliers pour s'y adonner à de précoces fatigues, ne contristent-ils donc pas l'observateur chrétien ? ne tirent-ils pas des paroles de feu de toute âme généreuse ? n'obligent-ils pas les gouvernements et les parlements à étudier des lois pour mettre obstacle à ce trafic inhumain ? Si la charité catholique, infatigable à secourir le prochain, ne leur venait pas en aide, avec ses salles d'asile, avec ses refuges pour l'enfance, que de pauvres petits qui demeureraient abandonnés à eux-mêmes, aujourd'hui que la fureur du travail arrache, non-seulement l'homme, mais encore la mère, au foyer domestique ! Ah ! nos bien-aimés diocésains, quand nous voyons ou quand nous entendons raconter ces choses de bouches qui ne sauraient être suspectes, nous ne pouvons contenir le sentiment d'indignation qui déborde dans notre âme contre ceux qui songent à confier aux mains de ces barbares le sort de la civilisation qu'ils prétendent protéger ! — Et, ce qui est pis encore, ce travail excessif, à mesure qu'il énerve et consume les corps, ruine les âmes, dans lesquelles peu à peu l'image et la ressemblance divines s'effacent. À force de tenir ces hommes enchaînés à la matière, plongés, noyés dans la matière, la vie de l'esprit s'endort dans ces pauvres victimes du travail redevenu païen. Tout ce qui élève l'homme, tout ce qui le fait être ce que Dieu veut, le roi de la création, le fils adoptif du Seigneur, l'héritier du royaume des cieux, s'obscurcit devant leurs yeux, tombe en oubli, laissant aller par contre sans frein aucun tout ce qu'il y a d'instincts animaux dans l'homme. Une fois en présence de ces êtres rendus malheureux par l'avarice, par la cruauté de gens sans entrailles, on se demande si ces fauteurs de la civilisation hors l'Église et sans Dieu, au lieu de nous faire progresser, ne nous rejettent pas plusieurs siècles en arrière, nous ramenant à ces temps lamentables où l'esclavage enchaînait une si grande part de l'humanité, et où le poète Juvénal s'écriait tristement que le genre humain ne vivait que pour l'amusement d'un petit nombre. Or cette fougue intempérante qui entraîne notre âge, qui donc mieux la corrige que l'Église catholique, laquelle, si d'une part elle nous invite tous au travail, de l'autre prépare avec une sagesse surhumaine les moyens les plus propres à en empêcher l'abus ?

En effet, passant sous silence cette considération que, pour l'Église, les termes d'humanité et d'amour fraternel ne sont pas des mots vides de sens, qui ignore l'efficacité merveilleuse des dimanches et des solennités chrétiennes pour adoucir l'âpreté et interrompre la continuité douloureuse du travail, en venant de temps à autre répandre la joie religieuse parmi la grande famille des croyants ? — Tout comme en un long voyage à travers le désert, sous la rage du soleil, le voyageur rencontre avec une inexprimable joie des oasis, où des arbres touffus lui prêtent leur ombrage désiré et d'épais tapis de verdure leur couche reposante ; de même ces jours bien-aimés apparaissent par intervalles pour remplir l'âme d'ineffables consolations et donner au corps son repos. Alors le pauvre artisan secoue la poussière des champs et de l'atelier ; vêtu de ses habits de fête, il respire une vie plus agréable ; il se souvient que Dieu ne le créa point pour rester perpétuellement attelé au char de la matière, mais pour en être le maître. Il est pour lui, ce soleil qui lui envoie librement son rayon vivifiant ; elles sont pour lui, ces collines qui lui envoient leurs parfums enivrants ; pour lui, ces prairies où il va se divertir avec sa femme, avec ses chers enfants ; pour lui, ce bien de Dieu qui couvre sa modeste table plus richement que de coutume. Entré dans l'église, où l'appelle la voix de la Religion, il y trouve des délices qu'il ne lui est donné de rencontrer nulle part ailleurs : les harmonies des cantiques sacrés réjouissent ses oreilles, ses yeux se reposent sur les marbres précieux, sur les riches dorures, sur les gracieux ornements, sur la sévérité des lignes architecturales ; mais surtout son cœur s'émeut et se purifie sous l'influence des paroles du ministre de Dieu, qui lui rappellent sa rédemption, ses devoirs, ses espérances immortelles. C'est encore en ces jours-là que les joies innocentes de la famille cessent d'être dans le domaine du désir et deviennent une réalité. À côté de sa femme, entouré de ses enfants, il exerce en vérité la plus noble et la plus douce des souverainetés ; il connaît les sujets qui sont une si grande part de son cœur, il est connu d'eux, il se rend un juste compte de leurs besoins, et l'amour du travail, de l'économie, se raffermit en lui à la pensée de les satisfaire. Ainsi, de ce repos et de cette fête, sort, sous le rapport physique et moral, une véritable restauration, et, loin de l'appeler une oisiveté blâmable, il faut la considérer comme une trêve féconde.

Quand on l'a goûtée, on reprend le travail avec plus d'ardeur et sans cette antipathie que présente le travail considéré comme une punition, comme un supplice. — Et ici, nos bien-aimés diocésains, que ne nous resterait-il pas à dire sur l'habitude dénaturée qui va s'introduisant partout chez nous de profaner ces jours, qui sont en vérité les jours du Seigneur, mais qui, comme nous venons de le faire observer, peuvent, avec une vérité égale, s'appeler encore les jours de l'homme ? Comme on se sent attristé, lorsque, par un scandale lamentable, on voit, les jours de dimanches, les jours de fêtes solennelles, les boutiques ouvertes, les artisans adonnés à leurs métiers accoutumés, les fabriques continuant leur production, les commerces non interrompus, au lieu de s'appliquer à cette affaire beaucoup plus noble qui est l'affaire de l'âme, au lieu de s'adonner à l'étude de ces vérités qui doivent nous conduire par la voie droite dans le temps et assurer notre sort dans l'éternité ! Non, ô nos bien-aimés diocésains, ce travail, qui s'exerce aux dépens de la gloire de Dieu et des devoirs les plus sacrés, ne sera jamais le travail qui augmentera la richesse publique ou privée. Tout au contraire, elle se vérifiera la parole d'un fameux écrivain incrédule du siècle passé : « Le peuple n'a pas seulement besoin de temps pour gagner son pain ; il en a besoin encore pour le manger avec plaisir, sans quoi il ne le gagnera pas longtemps. Un jour de fête ravive les forces épuisées de l'homme, qui reprend ensuite son travail avec une vigueur plus joyeuse. »

## X

Au peu que nous venons d'effleurer, en comparaison de tout ce que nous sommes obligé de passer sous silence, vous comprenez, nos bien-aimés diocésains, vous comprenez l'injustice et l'absence de tout fondement de la guerre que les sectaires et les incroyants ont déclarée à la sainte Église, au nom de la civilisation, en tant que celle-ci est l'obtention des conditions par lesquelles l'homme se perfectionne au point de vue physique et matériel. Au contraire, il est clair que la civilisation n'existe pas quand les peuples, soustraits à la maternelle discipline de l'Église, se laissent entraîner par les passions, qui amènent toujours l'altération et la corruption de ce qui serait encore bon et salutaire en soi.

Mais, pour mieux expliquer la chose, dans un sujet qui, vu les idées en vogue et les préjugés reçus, a, comme nous l'avons déjà dit, une importance capitale, il nous semble bon d'aller un peu plus en avant et de mieux asseoir dans vos esprits la conviction que la civilisation, tout en n'ayant rien à craindre de l'Église, a au contraire tout à espérer d'elle et de son concours.

Ce serait une folie de nier un fait qui éblouit nos regards, à savoir que la science, à force d'études continues, de sagaces expérimentations, s'est emparée de beaucoup de forces dans la nature, lesquelles autrefois étaient inconnues à l'homme ou échappaient à son domaine ; et que, les appliquant avec beaucoup d'art, à l'aide d'ingénieuses machines, elle a rendu la production plus rapide, les produits moins coûteux, et par conséquent la satisfaction des besoins plus facile, et la vie de celui qui a peu à dépenser beaucoup moins gênée.

Rien de mieux que ces découvertes ; mais les incrédules ont voulu se servir de ces pacifiques et louables conquêtes de la science sur la nature, comme d'autant d'armes pour transpercer l'Église, comme si elles avaient été remportées contre son gré et contrairement à ses désirs.

Le prétexte inventé pour donner du crédit à cette criminelle calomnie, fut emprunté à cette considération que l'Église s'adonne entièrement à la sanctification des âmes et insinue dans les cœurs une mystique horreur des choses d'ici-bas : d'où, cette conclusion que, si un peu de bien est déjà résulté et doit résulter plus tard de ces progrès, on le doit à la révolte de ce qu'on est convenu d'appeler l'*esprit moderne* contre les influences de l'Église.

Il serait difficile d'imaginer une accusation plus sotte et moins fondée.

Sans doute, l'Église ne cesse et ne peut cesser de répéter très-haut et à tous les maximes de son céleste Époux, à savoir « que l'âme et le salut éternel sont l'affaire la plus importante que nous ayons entre les mains ; qu'il ne servirait de rien de gagner un monde, si nous venions à perdre notre âme\* ; qu'une seule nuit suffira pour nous enlever ce que nous aurons acquis à grand'peine†. » C'est un grand, un inestimable bonheur que de pareils enseignements retentissent parmi les hommes.

Mais ce n'est point à dire pour cela que l'Église soit ennemie de l'étude de la nature, de la recherche des forces de la nature et de l'application de ces forces à la production de ce qui sert aux usages de la vie. Bien plus, quand on ne va pas à la légère, on reconnaît que l'Église ne peut être l'ennemie de ces études et de ces inventions, étant par la nature des choses portée à les favoriser. Réfléchissez plutôt et voyez vous-mêmes.

Peut-il y avoir jamais une chose plus ardemment désirée par l'Église, que la gloire de Dieu et une connaissance plus parfaite de l'artisan suprême, qu'on acquiert dans l'étude de ses œuvres ? Si l'univers est un livre à chaque page duquel sont écrits le nom et la sagesse de Dieu, il est certain que celui-là en sortira plus aimant pour Dieu, plus épris de lui, qui aura lu plus avant et plus clairement dans ce livre.

---

\* Matth., XVI, 26.
† Luc., XII, 20.

S'il suffit d'avoir deux yeux au front pour reconnaître que les cieux étoilés racontent la gloire de leur Créateur, s'il suffit d'avoir une oreille pour écouter la parole de louange que le jour transmet au jour et les secrets de la science divine que la nuit raconte à la nuit[*], combien mieux ne fera-t-il pas éclater la puissance, la sagesse de la Divinité, celui qui, jetant un regard scrutateur dans les cieux et dans les profondeurs de la terre, dans les astres lumineux et dans l'atome, dans les plantes et dans l'arbrisseau, nous met en main les preuves que tout vient de la Pensée suprême, ordonné avec poids et mesure[†] ?

Et vous voudriez que systématiquement l'Église se montrât une ennemie ou se bornât à regarder avec une froide indifférence les études et les recherches qui aboutissent à un résultat si précieux, qu'elle s'obstinât à tenir fermé le livre, afin que nul ne pût y lire plus avant ? Il faudrait ne pas connaître les flammes de zèle qui dévorent le cœur de cette Épouse de Jésus, pour ajouter foi à de pareilles extravagances.

## XI

Mais dans l'Église, à côté du zèle pour la gloire de Dieu, s'allume un autre amour non moins ardent : c'est l'amour de l'homme, l'ardent désir qu'il soit rétabli dans tous les droits que lui donna son Créateur.

Or l'homme a reçu de Dieu pour son héritage dans le temps cette terre où il vit, et dont il a été constitué le seigneur. La parole qui retentit au matin de la création : « Soumettez-vous la terre et dominez[‡], » n'a jamais été révoquée. En persistant dans l'état d'innocence et de grâce, l'homme eût exercé son domaine sans effort, la soumission des créatures eût été spontanée, tandis qu'aujourd'hui le domaine est laborieux et les créatures ne subissent le joug qu'en sentant le frein de leur maître. Mais, au fond, le domaine subsiste, et l'Église, qui est une mère, ne peut rien avoir de plus cher que de le voir mis en acte, que de voir l'homme se montrer ce qu'il est en réalité, le seigneur de la création. Or ce droit s'exerce lorsque ce roi de la création, déchirant les voiles qui recouvrent ses possessions, ne s'arrêtant point à ce qui tombe sous ses yeux et à ce

---

[*] *Ps.* XVIII, 2-3.
[†] *Sap.*, XI, 21.
[‡] *Gen.*, I, 28.

qu'il touche de ses mains, rentre dans le cœur même de la nature, recueille les trésors de fécondité résidant dans les forces de cette nature, et les fait servir à son profit et au profit d'autrui.

Comme il apparaît beau et majestueux, ô nos bien-aimés diocésains, l'homme, quand il commande à la foudre et la fait tomber inoffensive à ses pieds ; quand il appelle l'étincelle électrique et l'envoie, messagère de ses volontés, au fond des abîmes de l'Océan, par delà les montagnes élevées, à travers les plaines interminables ! comme il se montre dans sa gloire, quand il ordonne à la vapeur de lui mettre des ailes aux épaules et de le conduire avec la rapidité de l'éclair par mer et par terre ! comme il est puissant, lorsque, par son génie, il peut développer cette force elle-même, l'emprisonne et la conduit, à travers les sentiers qu'il lui a tracés, pour donner le mouvement et comme l'intelligence à la matière brute, laquelle se met au lieu et place de l'homme et lui épargne les plus dures fatigues ! Dites-le-nous, nos très-chers diocésains, n'y a-t-il pas en lui comme une étincelle de son Créateur, alors qu'il évoque la lumière et la place, pour éclairer les ténèbres de la nuit, à travers les rues de nos cités, pour orner de ses splendeurs les vastes salles et les palais ?

Et l'Église, mère très-aimante, qui suit toutes ces choses, loin de songer à vouloir y mettre obstacle, se réjouit et tressaille au contraire d'allégresse en les voyant.

## XII

D'autre part, quelle raison pourrait-il jamais y avoir pour que l'Église jalousât les progrès merveilleux faits à notre époque dans ces études et ces découvertes ? Y a-t-il là quelque chose qui puisse nuire jamais, même de loin, aux intérêts de Dieu et de la foi, dont elle est la gardienne et la maîtresse infaillible ?

Bacon de Vérulam, illustre chercheur des sciences physiques, a écrit que la science, bue à traits mesurés, éloigne de Dieu, tandis que, bue à longs traits, elle ramène à Dieu. Cet axiome d'or se montre toujours également vrai. Si l'Église s'épouvante des ruines que peuvent amonceler ces vaniteux qui pensent avoir tout compris parce qu'ils ont réussi à avoir de tout une teinture, elle se confie volontiers en ceux qui appliquent leur génie à étudier sérieusement et profondément la nature, parce qu'elle sait qu'au fond de leurs recherches ils trouveront Dieu,

Dieu qui se laisse voir dans ses œuvres avec les irrécusables attributs de sa puissance, de sa sagesse et de sa bonté.

Si quelque savant de valeur, en étudiant la nature, s'éloigne de Dieu, c'est signe que le cœur de cet égaré était déjà atteint du poison de l'incrédulité, entré chez lui par la porte des passions coupables. Il n'est pas devenu athée parce qu'il a cultivé la science, mais il l'est devenu malgré la science, qui est établie pour d'autres et pour de plus nobles résultats.

En fait, elle est considérable la foule de ceux qui, dans les sciences naturelles, ont acquis une renommée immense et durable, et qui se sont fait de leurs études, de leurs ingénieuses inventions, un échelon pour monter à Dieu et le glorifier. Copernic, le grand astronome, était profondément religieux. Kepler, autre père de l'astronomie moderne, remerciait Dieu des joies qu'il lui avait données d'éprouver dans les extases où le plongeait la contemplation des œuvres de ses mains[*]. Galilée, à qui la philosophie expérimentale doit les plus grands progrès, à force d'études, en arrive à cette conclusion que l'Écriture sainte et la nature procèdent également de Dieu, celle-ci comme étant dictée par le Saint-Esprit, celle-là comme parfaite exécutrice de ses lois[†]. Linné s'exaltait tellement par l'étude de la nature, que les paroles sortaient de sa bouche sous la forme d'un hymne : « Le Dieu éternel, s'écrie-t-il, Dieu immense, omniscient, tout-puissant, s'est en quelque sorte manifesté à moi dans les œuvres de la création, et je suis demeuré saisi de stupeur (*obstupui*). Dans toutes les productions de sa main, même dans les moindres, dans celles qui semblent comme nulles, quelle puissance, quelle sagesse et quelle inénarrable perfection ! Les services que ces œuvres nous rendent attestent la bonté de Celui qui les a faites ; leur beauté et leur harmonie démontrent sa sagesse ; leur conservation et leur inépuisable fécondité proclament sa puissance[‡]. » Fontenelle, en qui semblait s'être incarnée l'*Encyclopédie* de son temps, en pleine France du dix-huitième siècle, déjà empoisonnée par le souffle de l'incrédulité, ne pouvait s'empêcher de dire : « L'importance de l'étude de la physique consiste moins à satisfaire notre curiosité, qu'à nous élever à une idée moins imparfaite de l'auteur de l'univers, et à aviver dans notre esprit les

---

[*] *Myster. cosmogr.*
[†] Galilée, *Opere*, t. XXIX.
[‡] *Syst. natur.*

sentiments d'admiration et de vénération qui lui sont dus. » Alexandre Volta, l'immortel inventeur de la pile, était sincèrement catholique, et, en des temps peu favorables à la foi, il se glorifiait d'être catholique, sans rougir de l'Évangile. Faraday, illustre et célèbre chimiste, trouvait dans la science, dont il était le passionné pionnier, un véhicule pour arriver à Dieu ; les incroyants lui étaient insupportables\*. On pourrait facilement en compter bon nombre d'autres, tout semblables pour leurs sentiments religieux ; mais ce serait une entreprise inutile et qui nous mènerait trop loin.

Voilà donc ce que la science vraie et solide, d'où l'on tire ensuite tant d'utiles applications aux arts et à l'industrie, produit dans les âmes droites. Voilà encore pourquoi aucun de ceux qui réfléchissent ne se laissera entraîner par des accusations lancées en l'air, et n'en viendra à croire que l'Église regarde avec suspicion l'étude de la nature, méprise ou hait les heureux résultats que le bien-être public retire de cette étude ; bien-être qui, sans constituer la partie principale de la civilisation, en est cependant un côté dont il faut tenir grand compte.

Non, vous le voyez, nos bien-aimés diocésains, il n'y a aucun motif d'entreprendre une guerre contre la sainte Église, pour promouvoir les progrès de la civilisation : celle-ci, au contraire, serait bien heureuse et en progrès continuel, si l'on ne cherchait pas à l'enlever des mains de cette bonne et tendre mère, pour la faire passer entre celles des gâcheurs qui la gouvernent assez mal pour soulever d'indignation tout cœur honnête.

## XIII

Jusqu'ici, en prenant la défense de l'Église contre de très-injustes accusations, nous ne sommes pas encore allé au fond du sujet ; il nous reste à exposer encore un mérite éclatant et sans comparaison possible, un mérite tel que la malice même ne pourrait le contester. Il ne suffit pas, en effet, nos bien-aimés diocésains, de promouvoir, d'ennoblir et de sanctifier le travail, qui agrandit l'empire de l'homme sur les forces de la nature et les contraint à le servir ; il faut, de plus, ne pas perdre de vue qu'il y a une grande partie de nos frères qui, par nature ou par défaveur, est impuissante à gagner sa vie par le travail, quel qu'il soit ; et dès lors,

---

\* Voir Eugène Alberi, *il Prob. del dest. um.*, appendice au liv. Ier.

quel insupportable spectacle ne serait-ce pas, si tous ceux-là étaient condamnés à demeurer en dehors de ce mouvement qu'on appelle la civilisation, en tant qu'elle est la mise en acte des conditions du perfectionnement de l'homme sous le rapport physique dans la société de ses semblables ?

On aura beau faire un effort d'imagination pour forger un monde d'où les misères de la vie soient contraintes de s'exiler, qui sourirait aux yeux comme un festin perpétuel : la réalité viendra nous apporter d'amères désillusions, et, au milieu des conviés, se lèvera, comme un spectre qui répand une lueur sinistre, le malheur ! Les maladies qui brisent les forces, les imperfections physiques, l'incapacité d'apprendre, les guerres, les infortunes commerciales, les différentes et innombrables occasions de disgrâces, combien est grand le nombre de leurs victimes ! que de gens jetés sur le pavé des rues ! quelle multitude d'orphelins ! que d'infortunés demandant à grands cris qu'on les aide ! Le paganisme avait pris son parti, avec une singulière désinvolture, vis-à-vis de tous ces êtres : au petit nombre d'hommes libres, remuants et querelleurs, il donnait du pain et des jeux barbares ; les enfants trop nombreux pour les besoins ou pour les désirs de la famille, ou qui ne promettaient pas des bras robustes à l'État, étaient aussitôt étouffés ou tués de toute autre manière ; les vieillards, les infirmes, les impotents, étaient jetés dans quelque île ou dans quelque vallée pour y périr de privations. Il serait bon que les modernes admirateurs de la civilisation païenne se rappelassent ces faits et les rappelassent aux autres.

De ce côté, le christianisme et l'Église catholique, dans laquelle seule le christianisme se conserve dans toute sa pureté, n'ont pas seulement donné une vive impulsion à la civilisation, mais l'ont fait voler si haut, que *ni langue ni plume ne sauraient l'y suivre*. Les préceptes de charité donnés par notre très-doux Rédempteur furent accueillis avec un saint transport, et ses exemples furent imités avec une incomparable fidélité. Dès les commencements, les riches furent exhortés avec plus d'éloquence à donner le superflu, et ceux mêmes qui vivaient du travail de leurs mains le furent à travailler de toutes leurs forces pour avoir de quoi recueillir les infirmes, et pour mériter les bénédictions réservées à ceux qui aiment mieux être larges de leur propre bien que de recevoir le bien d'autrui*.

Ce serait une longue et inutile entreprise de refaire une histoire faite déjà mille fois, pour démontrer combien, dès les premiers siècles, l'Église s'appliqua à adoucir le sort de tous les malheureux ; d'autre part, cette histoire a été écrite de nos jours, et il n'est personne qui ne la connaisse†. Un illustre apologiste moderne n'a pas hésité à affirmer que qui se proposerait d'écrire l'histoire de la charité en viendrait, comme sans s'en apercevoir, à écrire l'histoire de l'Église‡.

Elle ne se borna point à ouvrir des asiles, des hôpitaux, des refuges ; elle fit incomparablement plus que cela : elle fit pénétrer dans l'âme de ses enfants la divine vertu du sacrifice. C'est à cette fin très-noble que tendent ses exhortations, son culte magnifique, et surtout la messe qu'elle nous invite à entendre, la table eucharistique à laquelle nous participons. On avait bien pu jusqu'alors parler de laisser tomber des tables du riche les miettes pour assouvir la faim de quelque Lazare couvert de plaies, cela est vrai, et l'on y avait travaillé à grands efforts ; mais cependant on aurait pu arriver à cette largesse par bonté naturelle d'âme, par affabilité de mœurs ou même par la législation civile. Mais nul n'aurait jamais pu exécuter ce qu'on voit accompli sous la direction de la sainte Église catholique, savoir : le sacrifice de soi-même, de sa liberté, de son plaisir, de ses richesses, de sa santé, souvent même de sa vie, pour satisfaire les besoins, pour subvenir aux nécessités des malheureux.

Voilà ce qu'inspire le christianisme, voilà ce qu'on ne voit que dans l'Église catholique. Il n'y a pas de coin sur la terre, il n'y a pas de petit pays où l'on ne voie des personnes qui renoncent aux aises, aux commodités, à quelque satisfaction, pour se consacrer joyeusement au très-pénible ministère de veiller près des malades, de recueillir les orphelins et les abandonnés, de visiter sous leur humble toit les indigents, et même dans leurs cachots ténébreux les scélérats que la société s'est vue obligée de rejeter de son sein.

Même de nos jours, où la foi est comme éteinte dans les cœurs, où

---

\* *Act. apos.*, XX, 35.
† Franz de Champagny, *la Charité chrétienne dans les premiers siècles de l'Église*.
‡ F. Hettinger, *Apologie du christianisme*, tom. II, liv. XXII.

les vérités chrétiennes s'obscurcissent aux yeux de tous à cause de continuelles et âpres contradictions, où il ne semble plus y avoir d'affaire plus digne et plus importante que de s'enrichir et de dépenser en plaisirs de sybarites les trésors amassés par tous les moyens, où en un mot tout conspire à détacher de l'amour du sacrifice ; vous n'avez, nos bien-aimés diocésains, qu'à regarder autour de vous pour vous convaincre que l'œuvre charitable fleurit, que la grâce n'est pas appauvrie, que le souffle inspirateur de Dieu court d'un point à l'autre de l'Église pour susciter la puissance du sacrifice et une prodigieuse activité au service de toute espèce de malheureux.

## XIV

Ah ! nos très-chers diocésains, quand, après avoir considéré avec une indicible complaisance cette splendide preuve de la divinité de l'Église et de sa bienfaisante influence, nous entendons parler de luttes engagées contre elle au nom de la civilisation, nous l'avouons, nous ne pouvons nous défendre d'une profonde tristesse, et nous ne réussissons pas à éloigner de nous les sinistres pressentiments des fléaux que doit nous attirer prochainement cette impie et forcenée méconnaissance des bienfaits reçus.

Lutter contre l'Église, ô nos bien-aimés diocésains ! mais pourquoi ? dans quel but cette lutte ? Pour jeter les hommes dans un travail dévorant et sans ombre de réconfort, considéré comme fin suprême, pris comme moyen de monter plus haut, au-dessus des têtes humiliées de leurs semblables et sur leurs corps foulés aux pieds ? Lutter contre l'Église ! mais pourquoi encore ? dans quel but cette lutte ? Pour confier les peuples aux mains d'une philanthropie incertaine et essentiellement caduque, en les arrachant du sein de la religion, qui inspire et avive les prodiges de la charité divine ? Lutter contre l'Église ! mais pourquoi ? dans quel but cette lutte ? Pour effacer l'histoire glorieuse de la civilisation chrétienne, et restaurer une civilisation qui n'eut ni éclat ni splendeur, sinon pour mieux découvrir les profondes blessures du sein de l'humanité ?

## XV

Mais l'Église catholique, par la bouche de son chef, a déclaré *qu'il ne peut y avoir de réconciliation avec la civilisation de notre temps*\*. — Voilà l'accusation dirigée contre nous par le camp ennemi, voilà le motif avec lequel on justifie la lutte entreprise.

Mais quelle est donc, nos bien-aimés diocésains, cette civilisation moderne que condamne l'Église et avec laquelle son auguste chef, le maître infaillible des croyants, dit et répète qu'il ne peut y avoir rien de commun ? Ce n'est certainement pas la civilisation par laquelle l'homme se perfectionne au triple point de vue que nous avons indiqué ; non, ce n'est point celle-là, mais c'est une civilisation qui veut supplanter le christianisme, et nous arracher avec lui tout le bien dont nous fûmes enrichis par son action. Si ceux qui se servent habilement du *Syllabus* pour le planter comme un épouvantail en face du monde, avaient réfléchi qu'il ne suffit pas d'être *habiles*, mais qu'il convient encore et beaucoup plus d'être honnêtes, ils ne se seraient pas contentés d'offrir à la haine du public une proposition détachée du reste du discours, mais ils auraient cherché à en tirer le vrai sens de l'ensemble des documents où elle se trouve, documents indiqués avec beaucoup de soin. Appuyés sur la teneur de ces documents, ils se seraient facilement convaincus que ce n'est point la civilisation issue comme une fleur et comme un fruit de la racine du christianisme, qui a été réprouvée par le Pape, mais bien cette civilisation bâtarde, qui n'en a conservé que le nom, et qui est l'ennemie déclarée et implacable de la civilisation légitime.

## XVI

Ils ne sont pas moins calomnieux, les prétextes qu'on voudrait tirer d'une prétendue aversion de l'Église pour les arts et les sciences, pour l'étude de la nature et de ses forces. S'il n'était pas assez, pour éclairer des esprits et dissiper tous leurs doutes, des raisons que nous avons exposées, et de ce fait que les intelligences les plus vives et les plus vaillants pionniers de la science ont été en même temps des chrétiens très-fervents et

---

\* Syll., prop. LXXX. — *Romanus Pontifex potest ac debet cum progressu, cum liberalismo et cum renti civilitate sese reconciliare et componere.*

des fils très-fidèles de l'Église, nous pouvons citer les plus récentes déclarations de l'Église comme un démenti solennel à ces assertions mensongères.

Les Pères du concile du Vatican ont à ce sujet dit des paroles que nos adversaires feraient bien de lire et de méditer. Après avoir enseigné qu'entre la raison et la foi il ne peut y avoir de désaccord, et avoir montré comment l'une vient merveilleusement au secours de l'autre, ils s'écrient : « C'est pourquoi, loin de s'opposer à la culture des arts et des sciences humaines, l'Église l'aide et la fait progresser en plusieurs manières. Elle n'ignore point en effet ni elle ne méprise les avantages que la vie des hommes en retire ; bien plus, elle confesse que, venues du Seigneur Dieu des sciences, elles doivent, avec le secours de sa grâce, conduire à Dieu, quand elles sont traitées selon les règles[*]. » Donc les accusations sont sans fondement, elles n'ont aucune valeur, elles sont plutôt l'expression de la haine contre l'Église et du désir de la couvrir de boue.

Mais, si la science en soi n'est point anathématisée par l'Église quand elle est ainsi pratiquée, il y en a une qui est à bon droit réprouvée. C'est la science qui tire son origine de la philosophie, disant avec un orgueil satanique : « La raison humaine, sans aucun égard pour Dieu, est l'unique juge du vrai et du faux, l'unique arbitre du bien et du mal ; elle est sa propre loi à elle-même, et, par ses forces naturelles, elle suffit à procurer le bonheur des hommes et des peuples[†]. » C'est la science qui s'enfonce dans la matière pour la proclamer éternelle, qui monte au ciel et descend dans les entrailles de la terre pour rechercher en vain un argument à ses luttes contre la cosmogonie biblique ; c'est la science qui rabaisse l'homme au niveau de la brute et ébranle frénétiquement les bases de l'ordre moral, domestique et civil.

Au contraire, le savant, loin de se plaindre, doit lever les mains vers

---

[*] Conc. Vatic., cap.. IV. De Fid. et Rat. — *Quapropter tantum abest ut Ecclesia humanarum artium et disciplinarum culturæ obsistat, ut hanc multis modis juvet atquet promoveat. Non enim commoda ab iis ad hominum vitam dimanantia aut ignorat aut despicit ; fatetur imo eas, quemadmodum a Deo scientiarum Domino profectæ sunt, ita, si rite pertractentur, ad Deum, juvante ejus gratia, perducere.*

[†] Syll., prop. III. — *Humana ratio, nullo prorsus Dei respectu habito, unicus est veri et falsi, boni et mali arbiter, sibi ipsi est lex et naturalibus suis viribus ad hominum ac populorum bonum curandum sufficit.*

Dieu, en le remerciant d'avoir établi sur la terre ce magistère infaillible, qui lui procure toute bénédiction pour le présent et pour l'avenir, qui lui conserve toute bénédiction, la sauvant des mains impies qui voudraient l'en priver.

## XVII

Ah ! nos très-chers diocésains, qu'il n'y ait aucun de vous qui se laisse séduire par ceux qui viennent vous flatter avec de trompeuses paroles, pour faire des prosélytes et les acheminer vers la ruine. Si, comme il convient à des esprits élevés et généreux, vous aimez les progrès honnêtes et le développement de la civilisation, tenez pour certain que vous ne pourrez progresser plus sûrement, ni mieux contribuer au développement de la civilisation, qu'en vous tenant unis d'esprit et de cœur aux pratiques de l'Église catholique.

Vous avez en partie touché du doigt cette vérité, et il nous serait agréable de projeter la même lumière sur ce qui regarde l'amélioration de l'homme en tant qu'être moral et politique, si, au lieu de vous écrire une lettre pastorale, nous nous étions proposé de composer un long traité, et si nous n'avions la pensée, pourvu que Dieu nous prête vie, de revenir une autre fois sur ce sujet.

Du reste, le fait patent est là pour nous montrer à tous où nous a conduits cette lutte fatale, entreprise contre l'Église au nom de la civilisation. Depuis le plus humble ouvrier jusqu'à ceux qui occupent les sommets de la fortune et de la naissance, il n'est personne qui ne puisse affirmer qu'il n'a retiré des premiers essais de cette lutte autre chose qu'amertumes et déceptions. Si l'on plonge plus avant du regard, cherchant à pressentir ce que nous préparent ces tentatives impies, quiconque a du sens et du cœur sent courir les frissons de la terreur dans ses veines.

D'une part, les multitudes, auxquelles on a ôté toute espérance d'avenir, tout réconfort de la foi dans leurs misères, qui ne peuvent trouver de compensation dans les jouissances de la terre, trop pauvre pour leurs bras, et riche à l'excès de misères et de contrariétés ; de l'autre, le petit nombre de ceux à qui sourit la fortune, ne conservant plus même une étincelle de charité dans le cœur, attentifs comme ils le sont à thésauriser et à jouir. D'un côté, les frémissements du désespoir, qui vont se changer en actes de sauvagerie ; de l'autre, les joies obscènes, les divertissements et les orgies du paganisme, qui attirent les colères du pauvre abandonné et provoquent les châtiments divins.

Voilà ce que nous avons gagné, voilà ce que nous promet cette guerre déclarée à l'Église au nom de la civilisation, et tendant à nous replonger dans les horreurs de la barbarie.

Aujourd'hui donc, s'il est encore temps de faire cesser les malheurs présents et de conjurer les périls à venir, l'unique moyen est dans votre fidélité aux lois de Dieu et de son Église, manifestée par une courageuse observance de ces lois, avec les exemples d'une vie chrétienne.

Et quel temps plus favorable que celui où nous allons entrer, pour commencer cette œuvre véritablement réparatrice ? Ceux qui prétendent représenter le siècle, veulent une civilisation en dehors de Dieu et contre Dieu ; ils ne l'auront point. Vous, nos bien-aimés diocésains, vous devez dire et prouver en fait que, avec Dieu et en écoutant sa voix représentée par la voix de son Église, on conserve le bien légué par nos pères et on l'augmente. Avec Dieu et sous la direction de son Église, les peuples sont devenus véritablement et glorieusement civilisés. Si vous vous sentez parfois découragés devant cet immense soulèvement des hommes, des États, des sciences, contre Dieu et contre son Christ, n'oubliez pas que, pour vous défendre, vous avez une arme invincible et toute puissante, la prière. Fortifiez-vous-en en public et en particulier. Élevez vos cris de supplication vers Dieu, très-fidèle soutien, bouclier de qui se confie en lui.

Priez-le pour notre cité, pour vous, pour la famille ; priez-le pour l'Église.

En attendant, avec notre bénédiction pastorale, nous souhaitons que la grâce divine, avec toutes sortes de dons et de consolations célestes, descende largement sur vous tous.

Pérouse, de notre évêché, le 6 février 1877.<br>
† G., cardinal PECCI,<br>
évêque de Pérouse.

# SECONDE PASTORALE

Cette seconde partie de l'admirable traité sur l'*Église et la Civilisation* a été adressée « à son peuple bien-aimé » par le cardinal Pecci, camerlingue de la sainte Église romaine, à l'occasion du Carême de 1878. C'est donc la plus récente œuvre pastorale et comme le dernier document émané du savant cardinal avant son élévation au suprême pontificat. À ce titre, on la lira avec plus d'intérêt encore que tout ce qui précède.

I

Unis à vous, nos très-chers fils, pendant le cours de longues années, par les liens sacrés du ministère pastoral et par des relations toujours de part et d'autre affectueuses, nous sentons tout le poids d'une séparation qui, bien qu'imposée par des motifs très graves, ne laisse pas de nous être douloureuse. En de telles conditions d'âme, vous pouvez facilement comprendre la satisfaction avec laquelle nous voyons s'approcher le saint temps du Carême, où le devoir de notre charge nous oblige à rompre le silence et à vous adresser notre parole de pasteur. — Puisque maintenant il ne nous est pas donné de revenir en personne au milieu de vous, nous y retournons par écrit, pour converser avec vous et nous consoler ensemble par notre foi réciproque\*. Ce sont là les réconforts que Dieu réserve aux évêques, comme pour leur donner une compensation à de nombreux déplaisirs et à d'innombrables amertumes. Aussi que pourrait-il y avoir de plus agréable pour nous que de nous entretenir avec le troupeau qui est notre couronne et qui fait nos délices† ; de parler avec lui de Dieu, de son Christ, de la sainte Église, de nos devoirs religieux, des immortelles espérances ; et de lui répéter avec l'Apôtre : « Tenez-vous donc ainsi fermement dans le Seigneur, ô très-chers fils ! » C'est une excellente manière de sortir de ce choc des idées, de ce tumulte ruineux des vains et coupables désirs, des vains et inutiles efforts, qui déchirent et fatiguent notre temps. Mais ce repos lui-même n'est pas complètement libre, forcé comme nous le sommes, par les temps corrompus et corrupteurs qui courent, de ne pas nous contenter d'un échange pacifique et tout familier de sentiments pieux. En vous adressant un discours pour rappeler et raviver dans votre cœur les maximes de la foi et les devoirs qu'elle impose, nous ne pouvons perdre de vue que la foi elle-même est attaquée, et que des hommes, ennemis de Dieu et de son Église, font tous leurs efforts pour l'arracher de votre cœur : d'où le devoir pour nous de vous mettre sur vos gardes, afin de ne pas encourir le reproche fait dans les saintes Écritures‡, aux pasteurs qui ne font pas bonne garde sur leur troupeau, quand des loups s'approchent pour le ravager.

II

Ce fut cette considération, très-chers fils, qui nous porta l'année dernière à vous parler de la civilisation, prétexte très-spécieux entre les mains des ennemis de l'Église, pour vous prouver qu'il n'y avait pas lieu de commencer une croisade contre nous, dans le but de la faire progresser, par ce motif que nous ne pouvons pas ne pas être les amis et les partisans de la civilisation. Comme l'ampleur du sujet ne nous avait pas permis de le développer, mais seulement de l'effleurer, si vous vous en souvenez, nous avons parlé de la civilisation en tant qu'elle concourt au

---
\* *Rom.*, I, 12.
† *Philip.*, IV, 1.
‡ *Isai.*, LVI, 10-1

*bien-être physique* des hommes vivant en société, renvoyant à une autre occasion favorable d'examiner un autre côté de la civilisation, parmi les deux qui nous restent à considérer ; un seul également, pour le même motif, de peur de rendre notre lettre pastorale trop longue.

Or, de ces deux points de vue, la raison voudrait que nous assignassions le premier rang à celui qui regarde le perfectionnement progressif de l'homme en tant qu'être intelligent : l'ordre naturel le demanderait ainsi. Mais, sans tenir compte de cet ordre, nous nous arrêterons seulement à considérer la civilisation en tant qu'elle est un perfectionnement introduit dans les relations de l'homme *être moral*. La raison de ce dessein est que l'évêque, parlant à ses ouailles, n'écrit point des livres ni des traités à étudier, mais va contre l'erreur là où elle serre de plus près et menace d'entraîner de plus sérieux dommages.

Nous avons commencé à vous entretenir de la civilisation en tant qu'elle s'applique au bien-être matériel, parce que c'est là le côté qui touche de beaucoup plus près notre époque, si sensible au point de vue matériel ; aujourd'hui nous prenons pour sujet la civilisation en tant qu'elle est destinée à perfectionner les relations de l'homme moral, parce que c'est là le point de vue le plus haut, le plus élevé et d'une application quotidienne.

### III

Qui pourrait nier, nos très-chers fils, que le résultat d'une vraie civilisation doit être l'amélioration des mœurs, l'adoucissement et la purification des âmes, l'humanité dans les modes d'être avec ses semblables, la mansuétude et la générosité des relations privées, domestiques, politiques et civiles ? Il n'est personne, à coup sûr, qui voulût contester que l'homme est non seulement capable de perfection, mais encore qu'il est porté à se perfectionner, et qui se sente le courage de renier les progrès faits dans cette voie. Tous, je crois, sont d'accord sur ce point. La divergence naît de cette idée que l'amélioration progressive est réputée incompatible avec le christianisme, ou, ce qui revient au même, avec le magistère et l'influence de l'Église, au point d'entreprendre une lutte pour la faire disparaître, comme un obstacle et une gêne pour les progrès qu'on désire. En quoi, nos très-chers fils, il me semble voir le lamentable résultat des haines qui aveuglent ceux qui en sont pris, au point d'ôter à leurs yeux la lumière, prêts à nier les faits les plus certains. Bon Dieu ! la sainte Église est donc combattue dans ses doctrines, dans son chef visible, dans sa hiérarchie, dans ses associations, dans ses institutions, parce que tout cela n'a plus de force pour faire avancer le progrès moral, parce que même tout cela est un obstacle, un ennemi mortel, pour le raffinement progressif des mœurs ! Quoi donc ! mais, tout au contraire, nos très-chers fils, la prédication de l'Évangile, l'action constante de la hiérarchie catholique, ont fondé la civilisation, qui a pris le nom de chrétienne, nom qui lui est resté si solidement attaché, que, aujourd'hui encore, malgré tant d'efforts, on ne réussit pas à l'en séparer : autant vaut en effet parler d'incivilisation et comprendre par ce mot l'opposé de chrétien\*.

Dès lors, s'il est indubitable que l'Église a créé cette magnifique civilisation qui comptera bientôt dix-neuf siècles de gloire, qu'est-il donc survenu de nouveau pour qu'on la juge impuissante à poursuivre cette belle œuvre, et pour qu'on l'accuse de s'opposer au développement des conditions indispensables à l'homme pour se perfectionner dans l'ordre moral ? Peut-être la tâche de l'Église est-elle devenue plus difficile, et est-il survenu en ce temps malheureux des obstacles qu'elle ne veut ou ne peut surmonter ?

Ce n'est point nous qu'on accusera d'une tendresse excessive pour le siècle dans lequel nous vivons et que nous avons dû plus d'une fois juger sévèrement ; mais quelle distance immense nous sépare des mœurs païennes ! — Nous ne nous arrêterons point ici à refaire la description du monde païen : elle a été faite un millier de fois. Qu'il suffise de noter, par voie de négations, les plus éclatantes différences qui existent entre l'ancien état de choses et le nouveau.

Nous n'avons plus cette plaie sociale de l'*esclavage*, qui condamnait plus des deux tiers des hommes à une vie de gêne et d'indicibles privations ; elle a été guérie avec une admirable sollicitude et une longue persévérance par l'Église.

Nous n'avons plus les jeux sanguinaires où l'on massacrait des centaines de malheureux, où on les faisait lutter au péril de leur vie avec des bêtes sauvages, pour amuser quelques ennuyés et rendre plus

---

\* Donoso Cortès a dit : « L'histoire de la civilisation est l'histoire du christianisme : écrire l'une, c'est écrire l'autre. »

ardente leur soif de sang : page honteuse qu'a fermée pour toujours le sang d'un martyr chrétien.

Nous n'avons plus l'horreur féroce du pauvre, que la Religion a recouvert de la lumière de Jésus-Christ.

Nous n'avons plus le droit cruel de la guerre, qui anéantissait, par des massacres calculés, des nations entières. Si, à travers les luxures et les hontes, nous cheminons lentement vers la corruption de ces siècles dépravés, nous donnons du moins au vice le nom qui lui convient, et, au pis aller, nous ne peuplons pas l'Olympe de divinités complaisantes, qui sanctifient le vice par leurs exemples et le recouvrent de leur manteau.

Nous n'avons plus les faciles divorces, la puissance absolue du mari, l'avilissement légal de l'épouse.

Nous ne pouvons plus même considérer comme possibles ces monstrueuses figures des Césars, qui rendaient « licite leur bon plaisir à leur gré. »

Toutes ces choses, l'Église les a effacées et les a fait disparaître.

Si de nos jours nous déplorons amèrement l'apostasie des gouvernements qui représentent le pouvoir social, nous reconnaissons, derrière ce monde officiel, dépravé, sans Dieu, un autre monde réel où l'on trouve un grand nombre de cœurs généreux, de nobles caractères, d'âmes pures et élevées.

C'est pourquoi il est clair que l'Église doit rencontrer actuellement moins d'obstacles qu'autrefois, car il est moins difficile de perfectionner ce qui existe que de créer ce qui n'existe pas. Pourquoi donc refuser à l'Église le droit d'aviver de son souffle l'œuvre de la civilisation, et prétendre qu'elle n'est plus apte à diriger les âmes dans les voies du progrès moral et dans ses diverses relations ? L'Église aurait-elle perdu par hasard cette force et cette abondance de jeunesse et de vie qui eurent tant d'influence sur les institutions civiles, et qui parvinrent à enrichir l'ordre social de tous les bienfaits dont parle l'histoire et qui sont encore sous nos yeux ?

Ne vous étonnez pas, nos très-chers fils, que je recherche brièvement à approfondir ce sujet.

Les sources de ces continuels progrès, sans parler en ce moment de la grâce intérieure, sont au nombre de deux : la doctrine pratique, contenue dans les Livres saints et confiée à l'Église pour qu'elle la garde et l'interprète ; l'exemplaire divin, et dès lors étonnamment attirant, qui est Jésus-Christ, demeurant dans l'Église, annoncé par elle, manifesté dans toute la variété de ses formes. Or, doctrine et exemplaire, l'Église ne les a jamais reniés ou perdus.

Dès lors, loin de ne pouvoir plus produire leurs effets dans l'ordre de la civilisation, tout au contraire, l'une et l'autre sont toujours à sa disposition pour l'aider à rendre toujours de nouveaux services aux amis des vrais et salutaires progrès.

## IV

Et ici, nos très-chers fils, s'ouvre devant nous une matière trop vaste pour l'épuiser en une lettre. Nous nous bornerons donc à toucher les sommets principaux, suffisants pour vous faire toucher du doigt la folie qu'il y a à prétendre que l'Église n'est plus dans le cas de venir en aide et de servir de conductrice aux hommes de ce temps.

Aucun des aspects sous lesquels on peut considérer l'homme, seul ou comme faisant partie de diverses sociétés, n'est négligé. Pour chacun d'eux, les enseignements de l'Église renferment les germes de perfectionnements moraux très-précieux et incessants.

L'Apôtre saint Jean[*] remarque que tout le mal, toute l'influence mauvaise et ruineuse du monde, se réduit au besoin du plaisir animal, à la cupidité et à l'orgueil impatient de tout frein. Ceux qui combattent le christianisme et veulent établir la civilisation en dehors de lui, ne peuvent nier ces inclinations fatales, l'expérience intime que chacun a de soi-même étant le plus splendide commentaire de la révélation divine.

Or, pour remettre l'ordre dans l'homme, quel moyen a pris l'Église, en suivant la morale enseignée par Jésus-Christ ? Ouvrez au hasard les Livres saints, ou ce sublime extrait des Livres saints qui est notre *Catéchisme* : vous y trouverez de vifs enseignements, qui rendraient la société des hommes beaucoup plus heureuse, même dans l'ordre temporel, si les hommes y conformaient leur vie.

À qui se laisse aller aux plaisirs des sens, on rappelle qu'on doit s'en interdire le regard et même la pensée[†]. Mettez le précepte en pratique, et, avec les habitudes lubriques, disparaîtront les corps énervés, amollis,

---

[*] *I Epist.*, II, 16.
[†] Matth., V, 28.

demeures d'âmes dépravées, sans ailes pour s'élever ; et vous aurez par contre des générations florissantes, solide défense de la cité ; vous aurez des hommes chastes, qui, n'étant plus arrêtés par les illusions de la chair, célèbrent de joyeuses noces avec la vérité, la pénètrent, et, revêtus de ses splendeurs, répandent une vive lumière parmi leurs frères.

À l'homme que travaille la soif de l'or, il est pareillement dit que l'avarice est une servitude, et qu'on ne peut servir tout à la fois Dieu et l'argent\*. On y combat la recherche effrénée des biens de ce monde, qui ôte le discernement et prépare le crime. Or faites que ces paroles trouvent le terrain du cœur bien préparé, et la société n'aura plus dans ses rangs ces hommes cruels qui se posent comme le centre de toute chose, les rapines, les fraudes, les tromperies, les dols, les lamentables ruines.

À l'orgueilleux enfin, il est enjoint de laisser là ses glorioles, et de prendre la simplicité ingénue du petit enfant, pour entrer dans le royaume des cieux, parce que c'est à la condition de s'humilier, qu'on peut devenir véritablement grand dans ce royaume†. Paroles d'or, qui, si elles étaient écoutées, suffiraient pour faire disparaître cet esprit de contradiction qui ne laisse venir à bout de rien, les ripostes virulentes, la ténacité dans les idées, souvent ridicules et insensées, qui préparent les amers déboires et les lamentables catastrophes. Les ennemis de l'Église pourraient-ils trouver des remèdes plus convenables aux inclinations mauvaises qui sont en nous, et qui s'élèvent comme l'obstacle sempiternel à l'avancement des progrès dans la véritable civilisation ?

V

Ah ! nos très-chers fils, permettez-nous de poursuivre encore un peu cette étude analytique ; puis nous en arriverons, beaucoup trop tôt, hélas ! à vous raconter les gloires des modernes civilisateurs et de leurs sages trouvailles.

L'individu étant préparé et les mauvaises passions étant exclues de son cœur comme sources de tout désordre, l'Église, sans s'écarter d'un fil des enseignements du Sauveur, se met à régler les relations mutuelles.

---

\* Matth., VI, 24.
† Ibid., XVIII, 3-4.

Ici, il nous faut avant tout considérer le fondement très-solide qu'elle pose pour les maintenir durables et efficaces, au profit certain de la vraie civilisation. Ce fondement, c'est la charité, laquelle ou bien est inconnue même de nom en dehors du christianisme, ou bien est connue dans un sens tout différent de celui que nous lui donnons.

Aucune société, à dire vrai, ne peut subsister et n'a subsisté effectivement sans l'amour qui unit les parties différentes et les fait marcher de concert dans leur voie. Mais tout autre est l'amour qui animait les gentils et anime ceux qui se sont soustraits aux influences de l'Église, tout autre celui que le christianisme inspire et que la grâce de Jésus-Christ fait naître dans les cœurs. L'amour le plus noble qui puisse surgir en dehors du christianisme ne marche jamais sans l'intérêt, qui recherche beaucoup plus les avantages personnels que les avantages d'autrui ; du reste, il est toujours limité dans sa sphère, et ne s'exerce que dans des cas fort rares, ayant le sacrifice en horreur. On aimait ses amis en raison de leurs bonnes qualités intrinsèques, de leurs talents, de leur prudence, de leur savoir ; ou de leurs qualités extérieures, de leur richesse, de leur bonne humeur ou de leurs charmes. Mais il y avait un abîme entre les diverses conditions sociales, lequel empêchait quelque commerce d'affection que ce fût ; en général, on nourrissait une haine secrète contre ce qui n'appartenait pas à la cité ou à la nation, et l'on désirait ardemment le réduire en servitude à la première occasion favorable.

Vous savez, nos très-chers fils, comment la morale chrétienne a changé toute cette théorie des rapports mutuels. L'amour s'est retrempé dans une fournaise beaucoup plus ardente ; les hommes, en se rencontrant, n'ont plus apporté avec eux-mêmes les distinctions cruelles, et ils en sont venus à s'aimer les uns les autres, selon le modèle que Dieu leur a donné\*. En effet, Dieu, tel qu'il s'est révélé à nous, prend un soin amoureux de toutes les créatures indistinctement, même privées de raison, depuis les plus nobles jusqu'aux plus humbles, qu'il conserve et protège par de très-sages lois. Quant aux créatures raisonnables, il les aime si tendrement, qu'il n'a pu s'empêcher de donner son Fils bien-aimé pour les racheter†. Il n'aime pas seulement ceux qui le reconnaissent, l'adorent et lui rendent un hommage d'obéissance ; mais il aime encore ceux qui

---

\* Joan. ; XIII, 34.
† Joan., III, 16.

poussent la perfidie jusqu'à se révolter contre lui et qui mettent ses droits sous leurs pieds\*. De cet amour que Dieu nourrit en lui-même pour ses créatures, il n'attend certainement rien pour lui, étant le Maître absolu, le Créateur de toutes choses†. Non satisfait encore d'être aussi généreux dans son amour, il surajoute d'immenses sacrifices, pour nous racheter au prix de souffrances et de sang versé, pour nous purifier du péché, pour faire de nous un peuple acceptable à ses yeux et propre au bien‡.

Tel est, nos très-chers fils, le fondement qui, selon la morale prêchée par l'Épouse de Jésus-Christ, est posé à la base des relations mutuelles. Je laisse à votre esprit le soin de juger si les mœurs publiques n'ont pas eu à se louer merveilleusement de cette base, si elles n'en retirent pas des résultats toujours nouveaux et toujours plus surprenants, si elles n'en recueillent pas des fruits très-doux, issus chaque jour avec une suavité incomparable de cette divine racine.

Ce que le monde a recueilli et recueille encore à cette école d'ineffable amour, nous le savons : le respect de l'homme, même pauvre, même d'infinie et basse condition ; le facile et sincère apaisement des esprits, après les torts les plus sanglants ; les vengeances réprimées ou rendues impossibles, sans qu'elles aient été, au préalable, jugées sévèrement par notre propre conscience et par la conscience d'autrui ; l'équité conduite à émousser les aspérités du droit ; les fatigues et les privations supportées avec joie pour prévoir les moyens d'adoucir la condition du pauvre, de l'honnête travailleur, de l'orphelin, du vieillard. Ce sont là des faits palpables, qui sautent aux yeux de tous, et la moindre réflexion suffit pour en découvrir l'origine, laquelle évidemment n'est pas autre que la morale de Jésus-Christ enseignée par l'Église.

Or, nos très-chers fils, aucun de ces avantages moraux a-t-il pu être obtenu par ceux qui rêvent une civilisation non chrétienne, et peut-on en énumérer d'autres semblables, qui puissent être mis en comparaison avec ceux que l'action et les mœurs de l'Église ont poussés à un si haut point ? Faites, nos très-chers fils, la distinction qu'il faut entre les paroles et les écrits lesquels ne coûtent rien ou peu de chose, et la pratique, qui, en pareils cas, est tout, et vous vous convaincrez que la civilisation, loin

---

\* Luc., VI, 27, 29.
† Psalm. xv, 2.
‡ Tit., II, 14.

de progresser, a reculé, qu'elle a perdu piteusement et rapidement ce qu'elle avait gagné peu à peu par notre influence.

Ah ! nos très-chers fils, est-ce donc un indice d'adoucissement des mœurs que la haine et l'envie qui se répandent de plus en plus, qui envahissent l'âme du pauvre et du déshérité des biens matériels, contre celui qui en est favorisé ? Est-ce donc une preuve de sentiments fraternels ou aimants qui se manifeste dans ces frémissements de tigre, dans ces menaces d'incendies et de massacres qui frappent nos oreilles ?

Est-ce un spectacle agréable et réconfortant que nous offrent ces duels qui se succèdent avec une lamentable fréquence ; duels où, pour de futiles et souvent d'injustes ou de honteux motifs, les mains s'arment de fers scélérats, et où l'on confie la réparation de torts vrais ou supposés, non point au vénérable ministère de la justice, mais au sang-froid, à la dextérité, à l'agilité des membres, au hasard ? Ne commençons nous pas à redevenir barbares, même en combattant avec fureur, pour la civilisation ?

## VI

Mais détournons les regards de ces signes de barbarie renaissante, et reposons-les avec délices, — plaise au ciel que ce soit pour le plus grand bien de vos âmes ! — reposons-les sur les influences salutaires qui découlent de la morale chrétienne pour sanctifier et faire prospérer les diverses sociétés humaines.

La première et la plus importante est la société *conjugale*, d'où vient primordialement la famille, et d'où résulte en second lieu la société civile. Il est indubitable, nos bien-aimés fils, que, en dehors de la lumière bienfaisante répandue par Jésus-Christ et par son Église sur l'union conjugale, ses conditions furent toujours mauvaises, malheureuses, tandis que dans l'Église elles furent toujours heureuses et fortunées. Dans l'Évangile, le mariage a été ramené à ses principes primordiaux, remis sur le type du mariage étroitement uni dans l'Éden par la main même de Dieu, agrandi et élevé à la dignité de sacrement, le présentant comme une vivante image des noces célébrées entre Jésus-Christ et son Église. Après de longues injures, le mariage apparaît couronné d'un diadème royal[*].

---

[*] Matth., XIX, 6. *Éphes.*, V, 32.

Or il était impossible que le mariage ainsi transformé ne devînt pas la source d'illustres avantages pour la civilisation elle-même, vu que, ainsi exalté, il devait nécessairement tendre à recueillir en lui-même les avantages qui resplendissent dans les noces mystiques du Fils de Dieu avec son Église.

Bien qu'il soit facile de voir au premier coup d'œil ces avantages, nous ne savons pas, nos bien-aimés fils, nous empêcher de vous les énumérer, tant ils sont séduisants et doux à considérer !

Jésus-Christ ne s'est pas tourné vers la gentilité par un élan d'affection inconsidérée, mais avec l'intention de la relever de la terre où elle gisait, de la mettre en une meilleure condition, de la rendre heureuse de cette félicité qui résulte de la pratique de la vertu. — Semblablement, les époux ne doivent pas se laisser entraîner par les fugitifs attraits des sens ou par le scintillement trompeur de l'or ; mais, en s'unissant à une créature, ils doivent regarder plus haut, et chercher dans la vertu la stabilité et la douceur de la vie commune.

À son tour, la gentilité, appelée aux embrassements de l'Époux, s'est donnée à lui sans réserve, a laissé de côté, pour lui appartenir, les vieilles affections, les rêves domestiques. Semblablement, l'épouse chrétienne ne doit plus donner place en son cœur aux affections étrangères ; elle doit entrer résolument dans cette société, y apportant et mettant en commun le trésor de ses grâces, de ses forces.

Ne comprenez-vous pas comment, en cherchant à imiter cet exemplaire, les fleurs de la fidélité dans l'amour viennent recouvrir le lit nuptial, et en écartent bien loin les coupables désunions, les trahisons qui souillent la pureté du sang et allument les torches de haines implacables ?

Dans le cours des siècles, l'Église a été souvent sollicitée, par des prétendants et des amants pleins d'astuce, à trahir la foi jurée à son Époux céleste, à se souiller d'hérésies, à se séparer de lui par des schismes ; mais, tandis que cette œuvre de la séduction allait son train, Jésus-Christ se mit à lui parler avec une douceur ineffable, à lui rappeler la sainteté des serments, l'abondance des bienfaits accordés, à dévoiler la malice des enchanteurs, et l'Église, touchée de ses soins, chassa les séducteurs, se tint solidement attachée au bras sûr de son Époux, suivant sa voix, et ajoutant toujours de nouvelles et plus splendides parures à son front virginal.

Quel bonheur, nos très-chers fils, pour la civilisation, si les époux copiaient cette sollicitude à se venir mutuellement en aide dans les périls et à se réconforter dans le bien ! Nous nous plaignons à bon droit que le mariage soit souillé de vices qui ensuite s'accroissent, montant de la famille à la cité ; mais n'arriverait-il pas tout le contraire, et ne nous réjouirions-nous pas d'une rénovation morale, si s'établissait la belle émulation dont on nous propose l'exemple entre Jésus-Christ et l'Église ?

Enfin, Jésus-Christ s'est uni à l'Église, afin que, du sein maternel de celle-ci, sortissent les belles et chastes générations qui rappellent la belle physionomie de leur père, le copient dans leurs paroles et dans leurs actes, et le forcent par la foi à habiter dans leurs cœurs\*. L'Église, à son tour, recueille dans ses bras, comme un dépôt sacré, les fils nés de ce mariage ; et non-seulement elle les purifie, les nourrit, les surveille, mais, dès la première aube de leur vie, elle ne cesse de les instruire de sa doctrine, de les affermir dans le bien par ses exhortations, de les rappeler par ses reproches, pour qu'ils n'oublient pas la noblesse de leur race et pour qu'ils rendent à leur Père la gloire qui lui est due.

Ô vous tous qui tremblez sur le sort de la civilisation et qui secouez la tête, pensifs et songeurs, devant l'inondation qui roule toujours des eaux plus troublées et plus grossissantes, ne comprenez-vous pas que, si ce type du mariage venait à être mis en acte, selon ce que prêche et ce que recommande l'Église, vos terreurs n'auraient plus de raison d'être, et votre épouvante légitime se dissiperait à la lueur des plus joyeuses espérances ? Donnez-nous des époux soucieux d'une part d'imiter les leçons du Christ et d'autre part d'exécuter les enseignements maternels de l'Église, et les éléments de la civilisation seront sains et saufs. Les enfants, sortis des murailles domestiques pour peupler la terre, porteront profondément gravées dans leur cœur les maximes de justice, qui sont les bases de la vie civile ; ils seront préparés par une sage éducation à garder la discipline et à respecter l'autorité, en observant les lois justes. Entre les mains de ces parents, se formeront les robustes et fermes caractères, qui ne se laissent ni ébranler ni emporter par les vents des doctrines diverses et étrangères†. Dans ces maisons sanctifiées par la foi,

---

\* *Éphes.*, III, 17.
† *Hebr.*, XIII, 9.

les enfants, bien élevés par les exemples de leurs parents, apprendront à porter dans la société l'humanité des sentiments, la loyauté des relations, la constance à maintenir la parole donnée.

Une rénovation morale se fera sans bruit et avec une efficacité merveilleuse.

Et pensez, nos très-chers fils, qu'il y a eu et qu'il y a encore beaucoup d'individus qui voudraient jeter cette société conjugale dans les misères d'un simple *contrat civil*, et qui hurlent contre le Syllabus\*, parce qu'il condamne les insensés qui affirment qu'on ne peut aucunement tolérer la doctrine d'après laquelle le Christ a élevé le mariage à la dignité de sacrement ! Ceux-là sont coupables, non-seulement de reniement de la vérité religieuse, mais encore de lèse-civilisation. En effet, n'attente-t-on pas aux bases de la civilisation, quand on ouvre la porte au divorce, inévitable conséquence de la profanation du mariage ? N'empoisonne-t-on pas la civilisation, quand, après avoir fait disparaître la splendeur et la religieuse majesté du mariage, on se livre aux mains d'obscènes manipulateurs, qui, mettant en avant l'instabilité de la nature et la liberté, viennent avec cynisme et impudence parler d'accouplements temporaires, et, pour n'employer aucun euphémisme, de viles intrigues, d'où il résulterait que les pauvres petits enfants en seraient réduits, ou bien à sécher avant le temps, comme des fleurs que n'auraient point vivifiées le rayon du regard maternel, ou bien à croître sans direction certaine, sans liens, sans les affections solides qui les rattachent à la maison et par la maison à la patrie ? Et c'est pour nous donner une pareille civilisation que les ennemis de l'Église ont entrepris cette fameuse lutte !

## VII

... Mais poursuivons, ô nos très-chers fils, la route assez longue que nous avons encore à faire ; et, puisque vous avez clairement vu comment on a pourvu dans l'Église par la société conjugale aux demandes de la civilisation, préparez-vous à jouir d'une vue plus splendide en contemplant les avantages qui résultent pour la civilisation des doctrines par lesquelles l'Église règle les relations humaines dans cette société plus large qui est la société *civile*. En elle il y a à observer d'un côté les sujets,

---

\* *Syllabus*, prop. LXV.

qui sont comme la matière à ordonner, et de l'autre le pouvoir, qui est comme le principe qui ordonne la sujétion et la conduit à sa fin. Or, par rapport à l'une et à l'autre, interprétant fidèlement les Livres saints, l'Église enseigne ce qui, étant mis en pratique, deviendrait la plus forte impulsion et le moyen efficace d'une civilisation véritable et féconde.

*Le pouvoir*, dit-elle, *vient de Dieu*\*. Mais, si le pouvoir vient de Dieu, il doit refléter en lui la majesté divine, afin d'apparaître vénérable, et la bonté de Dieu, afin de devenir acceptable à celui qui est sujet. En conséquence, quiconque prend en main le frein du pouvoir, qu'il soit un simple individu ou une personne morale, qu'il soit en charge par élection ou par naissance, dans un État démocratique ou en monarchie, ne doit point y rechercher la pâture de l'ambition satisfaite et le vain plaisir d'être au-dessus de tous, mais au contraire le moyen de servir ses frères, comme le Fils de Dieu, qui n'est pas venu pour se faire servir, mais pour servir les autres †. Courtes sentences, nos très-chers fils, mais dans lesquelles gît cependant la transformation du pouvoir la meilleure et la plus heureuse qu'on puisse désirer.

Les rois des gentils avaient étrangement abusé du pouvoir. Leurs désirs n'avaient pas de bornes, et ils les rassasiaient en dévorant la substance et le fruit des sueurs d'autrui. Leurs volontés étaient des lois, et malheur à qui eût pensé s'y soustraire ! Non contents de cela, ils prétendaient à des titres fastueux, qui, comparés aux faits, devenaient de solennelles et cruelles ironies. — Bien différent est le pouvoir qui ressort des enseignements chrétiens : il est modeste, laborieux, attentif à promouvoir le bien, refréné par la pensée des châtiments qui, au jugement inévitable, sont réservés à celui qui gouverne mal. Il est impossible de ne point le comprendre, nos très-chers fils ; on sent son cœur se dilater devant cette image si noble de l'autorité, et l'obéissance qu'elle demande comme indispensable à la marche de la société perd toute amertume, devient facile et suave.

Les enseignements présentés à ceux qui doivent être soumis au pouvoir répondent parfaitement à ceux qui sont donnés à ce dernier. Si le pouvoir tire de Dieu la raison d'être, la majesté et la sollicitude pour procurer le bien, on ne saurait jamais se croire permise la rébellion

---

\* *Rom.*, XIII, 1 et seq.
† Marc., X, 45.

contre lui, puisqu'elle se résoudrait à la rébellion contre Dieu. Le respect du sujet doit être franc, loyal, et partir du sentiment intérieur et non de la crainte servile des châtiments. Ce doit être un respect qui porte avec lui la preuve de sa réalité et arrive jusqu'à persuader les sacrifices que celui qui tient le Pouvoir en main demande pour remplir son ministère.

Il vous sera arrivé plusieurs fois, très-chers fils, d'élever des accusations contre l'Église, qui se montre ennemie de la liberté humaine et se tient par trop soumise à celui qui siège sur le trône. Or vous pouvez juger de la justice de telles plaintes. Sans doute l'Église n'approuve point les fauteurs de tumultes, les ennemis de l'autorité par système ; mais l'obéissance qu'elle inculque trouve une très-juste compensation dans la transformation du pouvoir, qui, dépouillé des vieilles et déshonnêtes inclinations de la cupidité et de l'abus de la puissance, devient chrétien, prend des habitudes et un caractère paternels, et rencontre ses limites dans la justice du commandement. Dès qu'il dépasse ces bornes en envahissant le domaine de la conscience, il en rencontre dans l'homme, qui sait lui répondre avec les apôtres : *Il faut avant tout obéir à Dieu*. Ah ! nos très-chers fils, les sujets mous et tremblants ne sont point élevés dans les bras de l'Église ; ils naissent hors d'elle, au sein des sociétés qui ne reconnaissent point de droit en dehors de la force brutale.

Déjà de son temps, Tertullien\* remarquait que les premiers chrétiens payaient les tributs avec la même fidélité avec laquelle ils observaient le précepte de ne point voler. Mais ces hommes vertueux ignoraient l'art très-ignoble de se plier aux volontés des Césars.

Devant ceux qui faisaient pâlir les rois, leur visage ne pâlissait point, et tandis que les autres s'agenouillaient, ils savaient demeurer debout et mourir pour les droits inviolables de la conscience. Il est douloureux, très-chers fils, d'entendre répéter souvent certaines accusations, tandis que la liberté honnête est comme une fleur qui pousse d'elle-même spontanément dans une société où se meut l'esprit de l'Église catholique.

En effet, lorsque la main de celui qui gouverne s'appesantit trop sur les sujets, que les franchises publiques courent un péril extrême, et que la liberté d'action des hommes est enchaînée ; lorsque l'impiété prévalant brise les liens sacrés de la religion, lorsque la conscience est tout à fait pervertie par les passions, lorsque les méfaits se multiplient, alors le

---

\* Tertull., *Apolog*.

pouvoir devient soupçonneux, et, ne trouvant point de défense dans la vertu des administrés, il la cherche dans les armes, dans les gardes, dans la police aux yeux d'Argus. Nous pourrions ici vous inviter à toucher du doigt la vérité de ce que nous affirmons, en comparant la condition présente et un passé qui n'est pas tellement éloigné que la plupart d'entre vous ne puissent facilement se le rappeler ; mais nous aimons mieux opposer des témoignages non suspects à ceux qui pensent servir les conditions morales de la société et les relations civiles en brisant avec l'Église.

C'est Benjamin Franklin qui, près du terme d'une vie passée au milieu des affaires publiques et riche d'une longue expérience, écrivait de Philadelphie : « Une nation ne peut être vraiment libre si elle n'est point vertueuse, et plus les peuples deviennent corrompus et dépravés, plus ils ont besoin de maîtres*. » — Et un autre écrivain, dont le nom est cher et révéré pour les fauteurs de la *lutte de la civilisation*, s'écriait à son tour : « On ne veut pas détruire la religion, parce qu'un peuple sans religion tombe bien vite sous un gouvernement absolument militaire†. » — Il avait bien raison de parler ainsi, lui qui voyait, derrière les menées licencieuses et les comédies impies et sanglantes de la République française, se tenir un gouvernement qui menait avec une discipline soldatesque les hommes qu'il avait révoltés contre Dieu, et voulait tout façonner à son gré : lettres, arts, universités, et même la conscience, si son audace n'avait point été vaincue par la constance du sacerdoce chrétien.

Arrêtons-nous un peu maintenant, fils bien-aimés, et, comme du sommet où nous sommes arrivés, tournons-nous en arrière pour contempler le chemin que nous avons parcouru. En voyant la guerre obstinée que l'on fait à l'Église catholique au nom de la civilisation, nous nous sommes mis à rechercher si, par hasard, l'Église était devenue, par suite d'une ruine qu'elle aurait subie, impuissante à contribuer au perfectionnement moral de l'homme et au développement de la civilisation, de façon qu'elle ne servît plus à produire les effets étonnants qu'elle a produits par le passé. Et voici que, nous étant mis à interroger l'homme individuel, l'homme dans ses relations avec ses semblables, dans la société domestique et civile, il nous a suffi de l'examen qui peut

---

\* Lettre aux abbés Thalut et Arnaud.
† Vgo Foscolo, *Fram. della storia del regno ital.*

se faire dans les limites naturellement bornées d'une instruction pastorale, pour nous convaincre que les doctrines qui lui sont présentées par l'Église contiennent des germes très-précieux de civilisation, et que, suivies, elles conduiraient facilement à la plus grande perfection morale qui se puisse espérer sur la terre.

## VIII

Mais les doctrines saintes, comme sont les doctrines que l'Église présente à ses enfants, ne produiraient qu'à moitié leurs résultats, si elles demeuraient uniquement dans le domaine de la théorie. Pour atteindre le résultat complet, il faut que les doctrines prennent corps dans un *exemplaire* vivant, sur lequel fixant leurs yeux, les hommes se convainquent que les doctrines ne sont pas seulement des idées à contempler avec la complaisance qu'on met à regarder un beau tableau ou un superbe panorama, mais qu'elles sont des vérités pratiques, à mettre résolument en acte. C'est ce que comprenaient les gentils eux-mêmes, qui pensaient que les belles maximes, les sages avis resteraient lettre morte, sans efficacité pour changer ou améliorer le monde, tant qu'elles n'auraient pas pris une forme et une personnalité mouvante dans un exemplaire vivant. Platon, qui avait découvert tant et de si bonnes vérités, partie par l'acuité de son génie, partie par les recherches diligentes des anciennes traditions, persuadé que la parole écrite ou parlée n'aboutirait à rien de stable ou de concluant, souhaitait avec ardeur que la Vérité souveraine prît un corps et apparût aux yeux de tous[*]. — Cicéron, qui n'était pas seulement un grand orateur, mais encore un très-grand philosophe et un digne représentant de la sagesse entière parmi les gentils, formulait les mêmes vœux, pour les mêmes motifs[†]. — Sénèque, qui, sans rechercher ce qu'il était dans la vie privée, écrivit souvent avec le bon sens d'un chrétien, et qui eut probablement une teinture de christianisme, écrivit à Lucilius une lettre sur la nécessité d'avoir sous la main un grand et noble exemplaire, qui servît de modèle à la direction de la vie ; et, parce qu'il n'y avait pas de modèles semblables,

---

[*] *De Republ.*, IX, p. 152.
[†] *De Fin.*, VII, XXIV.

il ne pouvait rien lui conseiller de mieux que de se proposer les moins mauvais, comme, par exemple, celui de Caton\*.

Aujourd'hui, cette nécessité d'un exemplaire vivant et parfait, qu'avaient entrevu les plus belles intelligences de l'antiquité païenne, est satisfaite pour le croyant. — Cet exemplaire, qu'ils avaient vainement appelé et désiré, l'Église nous le découvre, en mettant sous nos yeux la vie de *Jésus-Christ*, Notre Seigneur, Verbe du Père, image substantielle de la bonté infinie, fait homme pour nous. Qu'il est beau, mes bien-aimés fils, ce magnifique exemplaire que l'Église nous donne, que l'Église a défendu contre les injures des gnostiques, des ariens, de tous les hérétiques, jusqu'aux protestants, jusqu'aux incrédules modernes, qui se sont efforcés par tous les moyens de le découronner de la divine lumière qui brille sur son front majestueux !

Jésus est Homme-Dieu, et par conséquent il est la vertu, la perfection sans bornes, absolue. Voilà plus de dix-neuf siècles que les individus, les peuples, les sociétés s'efforcent de le regarder ; et il y a toujours à apprendre de lui, toujours à se perfectionner comme si l'on eût commencé hier à l'imiter.

Outre qu'il est un exemplaire divin et très-parfait, Jésus est l'exemplaire le plus complet, puisqu'il se montre comme maître dans toutes les conditions de la vie.

La majorité des hommes se compose de pauvres, d'ouvriers, qui doivent gagner leur pain à la sueur de leurs fronts, et qui, par leur travail, arrivent à peine à le gagner, mesquin et insuffisant pour eux-mêmes et pour leur famille. Or, pour ceux-là précisément, Jésus naît pauvrement, il mène une vie pauvre dans la boutique de son père, appliqué au modeste labeur d'un artisan.

Ô mes chers coopérateurs, vous qui êtes chaque jour témoins de tant d'angoisses et de privations que le monde ignore et qu'il refuse de voir pour ne point troubler sa joie profane, vous qui partagez souvent avec les pauvres votre maigre subsistance, et qui voudriez faire encore plus et encore mieux que cela envers les déshérités de la fortune et du monde, mettez sous les yeux des infortunés, chaque fois que vous le pourrez, l'exemple de ce divin Sauveur, dont la vue est notre plus grande consolation. Laissez dire vos accusateurs, qui croient pouvoir préparer

---

\* *Epist.* IX, IX.

au peuple une civilisation différente. Quant à vous, en préparant aux âmes le baume salutaire de la religion, vous rendez en même temps un grand service à la civilisation.

Vous calmerez ces frémissements indignés et sauvages qui pourraient un jour dégénérer en actes de la plus atroce barbarie ; vous relèverez des âmes que la pauvreté aurait humiliées devant elles-mêmes et devant les autres, et qui, par les enseignements du Christ, sauront comprendre leur dignité, cette dignité royale qui leur a été conquise par le Christ, et qu'elles s'efforceront de conserver par l'honnêteté et par la pratique de toutes les vertus.

Mais si, d'une part, Jésus-Christ est le très-parfait exemplaire des pauvres, il est encore d'autre part un exemplaire également parfait pour les grands et pour les rois de la terre. Jésus-Christ est roi, et sa royauté, il la manifeste par l'empire absolu qu'il exerce sur toute la nature et sur les âmes de ses créatures raisonnables : la nature se soumet au moindre de ses signes, elle change, elle suspend le cours des lois invariables qui la gouvernent, les vents se taisent, les flots s'apaisent, les substances se multiplient, quand il le veut ; les âmes, même les plus dures et les plus corrompues, sont terrassées par ses paroles, par la toute-puissante fascination qui sort de ses yeux et de son visage. Mais cette puissance royale qu'il possède pleinement, il l'emploie au salut des hommes, il s'en sert pour satisfaire leurs besoins, pour guérir les multiples infirmités dont ils sont atteints, pour les tirer du dur sommeil de la mort, pour les arracher à la puissance de Satan, entré dans leurs corps pour les posséder : pour les délivrer de la tyrannie encore plus dure et plus dangereuse des cupidités coupables qui les entraînent et des vices qui les souillent. Ah ! nos bien-aimés fils, qui nous donnera que tous ceux qui sont grands parmi leurs frères, tous ceux qui tiennent en main le sceptre et les rênes du pouvoir, s'approchent de Jésus pour copier son image en eux-mêmes et pour réformer leur vie sur la sienne ? Nous aurions alors, pour faire refleurir la société, non pas seulement de grands saints, mais aussi des rois illustres par leurs entreprises politiques, comme Henri de Bavière, Étienne de Hongrie et Louis de France !

Jésus est père, non point dans le sens de la génération charnelle, mais dans ce sens immensément plus élevé de la génération qui fait naître à la vie de l'esprit. Or quel plus grand, quel plus sublime rôle que de transformer des hommes grossiers en hommes nouveaux et spirituellement renouvelés ?

Avec quelle ineffable sollicitude Jésus s'applique à élever, à transformer en hommes nouveaux selon l'esprit ces disciples grossiers qu'il appelle autour de lui et prédestine à l'apostolat ! Comme il se proportionne à leurs défauts ! avec quelle sagacité il soutient leur faiblesse et les raffermit, quand ils se montrent vacillants dans la foi ! et, quand il est sur le point de se séparer sensiblement d'eux et de retourner là d'où il est venu, avec quelle tendresse de paroles ne les recommande-t-il pas à son Père céleste, qui est aussi le leur !

Ô pères, si une étincelle de ce feu qui éclate dans le discours de Jésus reproduit par l'évangéliste Jean[*], venait à prendre flamme dans votre sein, combien vos enfants n'y gagneraient-ils pas, et par eux combien la société civile n'y gagnerait-elle pas en fruits de perfectionnement moral !

Jésus ne dépendait de personne, en raison de sa personnalité divine ; et pourtant il veut se tenir soumis à sa véritable mère selon la chair et à son père putatif, pour enseigner aux enfants cette affectueuse soumission envers les auteurs de leurs jours, qui, avec le nom, ont reçu de Dieu les droits de la paternité sur eux. Si les jeunes gens regardaient cet exemplaire et l'imitaient avec soin, n'y aurait-il pas là tout prêt un remède efficace à l'une des plus sanglantes plaies qui affligent notre âge, savoir l'impatience de tout frein et de toute loi ? Est-ce que ces enfants, soumis, à l'exemple de Jésus-Christ, à l'autorité paternelle, ne sortiraient pas de leurs maisons avec l'habitude de la règle, enclins à se soumettre aux justes commandements de qui gouverne et représente Dieu dans la direction des affaires ?

Nous trouvons, nos bien-aimés fils, un plaisir particulier à raisonner sur les beautés de ce modèle souverain, et volontiers nous nous étendrions longuement à indiquer les trésors cachés en Lui et la correspondance indéniable qui existe entre ceux-ci et les avantages de la civilisation, si la longueur de cet écrit ne venait nous avertir d'être économe de paroles.

Du reste, vous pouvez, nos très-chers fils, élargir facilement vous-mêmes la démonstration, en considérant en Jésus-Christ : l'ami, le récon-

---

[*] Joan., XVII.

des faibles, le franc défenseur de la vérité qui soulève les hostilités, l'homme des forts et généreux sacrifices, et poursuivez ce thème.

Jésus-Christ, par ces considérations, s'élève véritablement, comme source de vie, pour quiconque s'applique à Lui, puisqu'il personnifie en lui-même les belles et salutaires doctrines qu'il avait prêchées.

Cette réflexion a amené le grand Athanase, l'illustre et intrépide défenseur de la divinité du Verbe, à écrire : « Jésus-Christ, qui est éternellement immuable, est venu parmi nous, afin que les hommes trouvassent dans l'immuable justice du Verbe un modèle de vie et un principe stable de justice*. » Saint Augustin, employant d'autres expressions, a rappelé la même vérité là où il s'est écrié : « La règle suprême des mœurs est dans toute la vie du Christ sur terre, parmi les hommes dont il a pris la nature†. »

Il n'y a rien de surprenant à ce que les Pères de l'Église se soient trouvés d'accord sur cet axiome, puisqu'il est répété presque textuellement par ces insensés qui se sont levés parmi nous pour nier la divinité du Sauveur. Il suffira de choisir, entre plusieurs autres, les paroles du plus hardi d'entre eux, fameux surtout par son audace, qui, forcé par la lumière qui environne Jésus, est amené tantôt à saluer en Lui : « L'homme qui a eu une détermination personnelle parfaitement fixe, comme aucune autre créature n'en eut jamais, au point de la surpasser, et qui dirige, aujourd'hui encore, les destinées de l'humanité‡ ; » tantôt à entonner comme un hymne en son honneur, en lui disant : « Tu assisteras du sein de la paix divine aux conséquences incalculables que tes actes entraînent avec eux. Pendant des milliers d'années, le monde viendra chercher en Toi l'exemplaire sur lequel il travaillera à conformer sa vie, but de nos contradictions. Tu seras l'étendard autour duquel se livreront les plus ardentes batailles : mille fois plus vivant, mille fois plus aimé après ta mort, que durant ton passage sur la terre, tu deviendras la Pierre angulaire de l'humanité, au point que chercher à effacer ton Nom de ce monde, c'est vouloir le secouer sur ses fondements §. »

---

\* *Contra arianos*, III, XIII.
† *De Vera Relig.*, XVI.
‡ Ern. Renan, *Vie de Jésus*, p. 46.
§ Ibid., p. 426.

## IX

Or donc, pour résumer en peu de mots ce que nous venons de dire plus au long dans notre lettre, si l'Église a une doctrine qui, observée et passée en règle de vie, doit infailliblement conduire ses enfants à un merveilleux perfectionnement moral, et leur procurer la mansuétude, la pureté des mœurs, la cordialité et l'agrément des relations ; si elle possède ce qu'avaient vainement souhaité les sages du paganisme, un exemplaire suprême, parfait, absolu, de toute vertu et de généreux sentiments ; si elle n'a jamais souffert que la doctrine fût altérée, ni que l'exemplaire divin perdît de sa beauté, par les négations blasphématoires et par les attaques inconsidérées de ses ennemis ; si finalement ces doctrines prêchées par elle, et cet exemplaire qu'elle propose à notre imitation, ont suffi à produire dans le passé des effets surprenants, manifestement au-dessus du pouvoir de l'humanité, il est clair qu'il ne peut y avoir aucune bonne raison de bouleverser le monde pour soustraire la civilisation aux bienfaisantes influences de l'Église, et la confier à des mains qui la guideront dans les voies impies et la feront cruellement souffrir.

## X

Mais, nos bien-aimés fils, nous pouvons voir les fruits que les mœurs publiques recueillent et les avantages que les relations sociales retirent de cette fatale lutte, entreprise sous le très-spécieux prétexte de conduire la civilisation à de nouvelles et plus hautes destinées. Nous ne pouvons qu'indiquer les grandes ruines qui fument sous nos yeux, mais cette indication suffit pour en faire l'appréciation qui convient.

La morale, enlevée aux mains de l'Église et soustraite par trahison à ses bases religieuses, est demeurée en l'air, elle a cessé d'être la règle autorisée des actions, elle est au contraire devenue le jouet et l'amusement de tous les appétits. On a inventé une morale pour tous les siècles, pour tous les climats ; on a permis à chaque individu le moyen de la transformer au gré de ses caprices. « L'homme », n'a pas craint d'écrire un impie encore vivant, « l'homme sanctifie tout ce qu'il voit, et il embellit des fleurs de l'imagination tout ce qu'il aime[*]. » De là, rien de plus aisé

---

[*] Ern. Renan, *Revue des Deux-Mondes*, oct. 1862.

que de se laisser aller, comme nous en donnent l'exemple les partisans de cette théorie, à faire l'apologie du mal, à diviniser les jouissances des sens, à annihiler les lois de la pudeur, quand il s'agit de courir après la beauté, qui fuit comme l'ombre, et qui en tout cas est destinée à élever notre âme à Dieu comme un échelon qui conduit à Lui, qui est la source de toute beauté et de toute amabilité*.

Voilà les fruits qui récompensent l'immense rébellion déchaînée à travers le monde. Et ces fruits, comme vous le pensez bien, nos très-chers fils, ne nous promettent pas les progrès désirables de la civilisation ; mais ils nous donnent les frissons qu'on éprouve nécessairement à l'approche de la pire espèce de barbarie, celle qui naît d'une civilisation corrompue. Ces effets funestes devraient avertir les imprudents de cesser de suivre des maîtres pervers, et les tenir étroitement et indissolublement unis à l'Église.

Mais, malheureusement, nous voyons les choses aller autrement et la fortune sourire aux séducteurs.

Quand nous nous appliquons, comme c'est notre devoir, nos très-chers fils, à chercher la raison de ce fait, nous croyons la trouver, partie dans le travail plein d'astuces sataniques qui se produit pour pervertir les esprits, partie dans l'éclat qui environne le sujet qu'ils font semblant de vouloir favoriser. La civilisation est un mot qui sonne bien aux oreilles ; et plusieurs, s'arrêtant au nom, ne recherchent pas de quelle civilisation l'on parle, ni par quels moyens on la procure, ni à quel terme elle doit aboutir : de là vient qu'ils prennent pour de l'or vrai ce qui n'est qu'un clinquant sans valeur. C'est à vous, nos vénérables coopérateurs, qu'il appartient de prouver, aux yeux de ceux dont vous dirigez les âmes, que la civilisation honnête, légitime, non-seulement n'est point compromise ni repoussée par le Pape et les évêques, pas plus que par ceux qui sont fidèles à l'Église, mais que cette civilisation, au contraire, n'a pas de plus vaillants et de plus actifs instruments pour la faire progresser. Puisque nos ennemis, faute de meilleurs arguments, recourent aux tromperies, vous devez les suivre pas à pas, et aux mensonges, aux grossières hypocrisies, opposer la lucidité des raisonnements et la preuve incontestable des faits.

Le Seigneur bénira vos efforts, et, les préjugés détruits dans les

---

\* Ern. Renan, *Études d'histoire religieuse*, p. 429.

esprits, il vous sera plus facile d'ouvrir les cœurs à recevoir les semences de la parole et les rosées de la grâce, qui les feront fructifier et leur feront produire des fruits savoureux de vie. Les tentatives de séduction se multiplient de toutes parts : nos efforts doivent également se multiplier pour sauver d'une ruine certaine les âmes rachetées par le sang de Jésus-Christ.

Nous en étions là, nos très-chers fils, quand notre cœur se déchire sous l'effort d'une immense douleur, parce qu'il nous faut représenter à vos âmes la perte cruelle qui occasionne le deuil profond du monde catholique, et qui vient si malheureusement accroître les difficultés au milieu desquelles se trouve l'Église.

Ah ! lorsque nous commencions à écrire cette lettre, nous étions bien loin de soupçonner que le glorieux Pontife, le Père bien-aimé, nous serait inopinément enlevé. Nous espérions au contraire lui voir recouvrer la santé, lui demander pour vous la bénédiction apostolique, et vous demander en échange pour ce chef bien-aimé vos filiales supplications ! Dieu, dans ses desseins, en a disposé autrement : il a voulu lui donner la récompense à laquelle lui donnaient droit de longs et précieux services rendus à notre commune Mère l'Église, ses actes immortels, ses souffrances même, endurées avec tant de patience, de dignité et de fermeté apostolique. Oh ! nos dignes coopérateurs, n'oubliez pas de recommander au saint sacrifice cette âme où Dieu avait comme imprimé une grande image de lui-même ; parlez à vos enfants de ses mérites, dites-leur combien le grand pontife Pie IX a su faire, non-seulement pour l'Église et pour les âmes, mais encore pour agrandir le règne de la civilisation chrétienne.

Priez ensuite, mes très-chers frères et mes très-chers fils, priez Dieu qu'il daigne accorder promptement à son Église un nouveau chef ; priez-le qu'il le couvre de sa protection lorsqu'il sera élu, afin qu'il puisse, au milieu des tempêtes rugissantes, conduire au port désiré la nacelle mystique confiée à sa direction.

Ayez aussi un souvenir, dans vos prières, pour nous, qui vous donnons avec amour la bénédiction pastorale.

Rome, hors de la porte Flamminienne, le 10 février 1878.
† G., cardinal PECCI,
évêque de Pérouse.

Copyright © 2025 by ALICIA EDITIONS
Crédits image : Canva, Wikipédia Commons
Portrait de Léon XIII par Philip Alexius László de Lombos, 1900.
Source Hungarian National Gallery
https://fr.wikipedia.org/wiki/Léon_XIII#/media/Fichier:Fülöp_László_-_XIII._Leó_pápa_-_3206_-_Hungarian_National_Gallery.jpg
Tous droits réservés

www.ingramcontent.com/pod-product-compliance
Lightning Source LLC
La Vergne TN
LVHW032203070526
838202LV00008B/291